U0646540

西方哲理译丛 ●

Jean-Jacques Rousseau 〔法〕卢梭——著
庞珊珊——译

社会契约论

金城出版社
GOLD WALL PRESS

北京·2020

本作品一切中文权利归**金城出版社有限公司**所有，未经合法许可，严禁任何方式使用。

图书在版编目（CIP）数据

社会契约论／（法）卢梭著；庞珊珊译 . —北京：
金城出版社有限公司，2020.6
书名原文：Du Contrat Social
ISBN 978 – 7 – 5155 – 1938 – 8

Ⅰ . ①社… Ⅱ . ①卢… ②庞… Ⅲ . ①政治哲学 – 法
国 – 近代 Ⅳ . ①D095.654.1②B565.26

中国版本图书馆 CIP 数据核字（2019）第 274444 号

社会契约论

著　　者	（法）卢　梭	
译　　者	庞珊珊	
责任编辑	李凯丽	
责任校对	李　涛	
开　　本	660 毫米×940 毫米　1/16	
印　　张	10.5	
字　　数	130 千字	
版　　次	2020 年 6 月第 1 版	
印　　次	2020 年 6 月第 1 次印刷	
印　　刷	三河市双峰印刷装订有限公司	
书　　号	ISBN 978 – 7 – 5155 – 1938 – 8	
定　　价	32.00 元	

出版发行 **金城出版社有限公司**　北京市朝阳区利泽东二路 3 号
　　　　　邮编：100102
发 行 部　（010）84254364
编 辑 部　（010）84250838
总 编 室　（010）64228516
网　　址　http://www.jccb.com.cn
电子邮箱　jinchengchuban@ 163.com
法律顾问　北京市安理律师事务所　（电话）18911105819

前　言

　　这篇短论是我许多年前力图完成的一部长篇著作的一部分，当时由于没有考虑到自身能力问题，这部书已经辍笔许久。在从已完成部分里摘取的各类片段中，本文最为重要，并且我认为最值得奉献给公众。其余部分不复存在。

译　序

　　《社会契约论》是西方政治思想史上经典著作之一，它所蕴含的思想成为 18 世纪资产阶级革命的理论纲领，对于资本主义国家制度的建立与发展具有深远的影响，法国革命的《人权宣言》、美国革命的《独立宣言》以及两国的宪法和政治制度中都直接继承了卢梭的天赋人权、自由与平等的思想。至今西方的政治思想制度中依然保留着它深深的印记，因为它已经深深地融入了世界资本主义制度的形成与发展之中。从以下这些在历史上具有里程碑意义的文件片段中，我们可略知《社会契约论》在人类历史上曾经发挥过怎样的作用，而这也只是冰山一角：

　　美国的《独立宣言》："我们认为下面这些真理是不言而喻的：人人生而平等，造物者赋予他们若干不可剥夺的权利，其中包括生命权、自由权和追求幸福的权利。为了保障这些权利，人类才在他们之间建立政府，而政府之正当权力，是经被治理者的同意而产生的。当任何形式的政府对这些目标具破坏作用时，人民便有权力改变或废除它，以建立一个新的政府。"

　　法国 1789 年的《人权宣言》："在权利方面，人们生来是而且始终是自由平等的"；"任何政治结合的目的都在于保存人的自然的和不可动摇的权利"；"整个主权的本原主要是寄托于国民"；"自由就是指有权从事一切无害于他人的行为";"法律是公共意志的表现"。

法国 1793 年宪法:"社会的目的是公共的幸福";"一切公民都同样有资格担任公共职务";"宪法的目的即保障全体法国人民的平等、自由、安全,并享有一切的人权";"主权在民,主权不可分,不可失,不可弃让";"当政府侵犯人民权利之时,全体人民,以及人民的每一部分,最神圣和最不可少的义务就是起义"。

《社会契约论》的作者让-雅克·卢梭(Jean-Jacques Rousseau,1712~1778 年)是法国思想家、文学家。1712 年 6 月 28 日出生在日内瓦的一个钟表匠的家庭。祖籍法国,信仰新教。卢梭小时就喜欢和父亲一起读书,深受古罗马、希腊的英雄故事的影响(在本书中,卢梭就引用了大量古罗马和希腊政治事件和神话传说来证明自己的理论,例如,在第四卷第四章中他就完整地描述了罗马人民大会、罗马人的选举与投票方式等,以期对资本主义政体建设提供借鉴和营养)。卢梭出世时母亲就去世了,他自幼由姑母苏珊·卢梭抚养。1722 年,父亲离开日内瓦,正式定居尼翁。卢梭在法院书记官处学习过法律,当过雕版学徒,16 岁离开日内瓦,开始了 13 年的流浪生活。后来,卢梭做过听差、家庭教师、小职员等,遍尝生活的艰辛。长期漂泊不定的生活,使他亲身感受到封建专制制度下,广大下层人民的苦难,对他们的不幸寄予深切的同情。同时,他还曾以仆人、随从、秘书、家庭教师、大使秘书、作家的身份,出入于上流社会,目睹了贵族们的穷奢极欲、倚势欺人和官员的荒淫腐败,从而认识到扼杀了生来自由平等的人们的天性的根源,从内心里憎恨不合理的封建社会制度。

卢梭对自然科学、文学、哲学、音乐都有研究,多才多艺,知识渊博。1741 年，30 岁的卢梭来到巴黎结识了启蒙运动的众多杰出的人物，参加了百科全书的政治、音乐条目的撰写工作。他计划参加第戎学院组织的论文竞赛。1750 年，第戎学院向卢梭《论科学与艺术的昌明是否有助于淳化风俗》一文授奖。1752 年他的歌剧《乡村魔术师》在枫丹白露王室演出，获得巨大的成功，但是他拒绝接受路易十五给予的年金奖赏。1754 年，卢梭回到日内瓦受到热烈的欢迎，成为日内瓦公民。次年，发表《论人类不平等的起源和基础》，此文在出版后在欧洲引起了巨大的震动。文章剖析了人类历史文明的进程，从经济和政治上发掘了社会不平等的根源和基础，深刻揭示了文明社会的贫困、奴役和罪恶皆以私有制为基础，并论证了用暴力推翻专制政权的合理性。同年，卢梭还完成了《论政治经济学》。1758 年，由于同狄德罗在宗教等观点上的不同而与百科全书派决裂。1761 年，小说《新爱洛绮丝》发表，以书信体小说的形式控诉了封建等级制度给青年知识分子恋爱所造成的悲剧，猛烈抨击了封建专制制度。1762 年，《社会契约论》和《爱弥儿》出版，这两部书引起了百科全书派的尖锐批评，更激起了新旧教会的极大愤怒和当局的谴责。《爱弥儿》是一部教育专著，当然也是政治和哲学著作。卢梭在书中描述了对假设的教育对象爱弥儿进行系统教育的过程，以此来批判封建教育制度，提倡服从自然法则、听任人的身心自由发展的"自然教育"。卢梭在书中倾注了自己为未来的理性王国培育新人的思想，也表述了他的政治、哲学、宗教、美学思想。当时，法院发了通缉令，教会也发出声讨书，这两本书在许多地方被教会当众焚毁。瑞士当局下令逮捕他，他只好逃往普鲁士，宣布放弃日内瓦公民的身份。卢梭一度在英国居住，不久又回到了法国，在晚年写下了著名的自传体文学作品《忏悔录》。这是一部在残酷迫害下写成的自传。主题是通过卢梭自己的坎坷一生反映社会对人身心的某种残害和压迫。在作品中，卢梭讲述自己"本性善良"，古代历史人物又给了他崇高的思想，但是社会环境的恶浊以及人与人之间关系的不平等，又污染了他的思想，对他造成了损害。在这部被称为"文学史上的奇书"中，卢梭把自己作为人的标本来分析，毫不掩饰地批判自己的一生，包括自己的缺点和弱点，分析了自己对平民追求真理的精神世界，向污蔑和迫害他的封建统治者发出了挑战。卢梭在晚年的时候过着十分凄凉的生活，受到当局的严密监控。根据卢梭的意愿，《忏悔录》似乎应该在他逝世后很久才可以发表。可是第一部分在他死后四年就出版了。由于作品中所体现出的个性自由的精神，该作品被视为 19 世纪浪漫主义文学的先兆。卢梭的思想与他死后 11 年发生的法国大革命有着深刻的联系。据说，法国大革命的领袖罗伯斯庇尔在卢梭生前就很崇拜他，并拜访过他，在他死后还献上了橡树叶的花冠。在法国国民议会的大厅中，卢梭的半身像与美国开国领袖华盛顿和富兰克林的像面对而立。

在西方思想史上，社会契约思想并非始于卢梭，早在两千多年前，希腊哲学家伊壁鸠鲁（公元前 341 年~前 270 年）就最早提出了社会契约的思想，并第一次对其进行了理论体系上的系统阐述。在伊壁鸠鲁看来，国家和法律并不是什么神授的产物，也不是绝对正义的代表，而只是社会上的人为了自身的利益不受侵害而达成的一项妥协性的契约，国家和法律只是因为这种需要而产生的，惩治非正义的行为，保障共同的安全。伊壁鸠鲁的社会契约思想将国家和法律的产生建立在了人的利益权衡和现实妥协产物的基础之上，较之柏拉图以绝对正义和纯粹理念为基础的国家观更为现实与客观。

在西方启蒙运动时期，社会契约思想成为主流思潮之一，当时的思想家对它进行了不同的诠释与发展，以实现各自不同的理论和现实目的。可以说格劳秀斯是近代资产阶级社会契约理论的首倡者，霍布斯是社会契约论的奠基者，而卢梭则是社会契约论的集大成和系统化者。国际法之父雨果·格劳秀斯（Hugo Grotius，1583～1645 年）将社会契约看成是自然法的一个组成部分，社会契约是人们建立社会关系的唯一途径。格劳秀斯认为人类的本性是自私的，在理性的召唤下才订立了契约，组成国家，并开始各自承担应负的责任。与格劳秀斯将社会契约归于自然法的观点不同的是，卢梭认为社会契约之所以产生是因为"在自然状态下，当威胁到人类生存的障碍已经远远超出了人类维持生存的能力范围……人类唯一的出路就是要将他们分散的力量联合成一个整体，在共同的目标下采取统一的行动，从而使自己强大到足以克服任何的困难。"（见本书第一卷第六章）同时，在格劳秀斯看来，主权并不是绝对的，认为主权者一旦违反对人民的契约就会丧失主权，甚至附庸国的君主也可以是主权者，并且格劳秀斯还否认人民主权的思想，但是卢梭却认为主权是绝对的、不可分割与转让的，是公共意愿的体现，公共意愿即使在遭到一国执政者藐视的情况下依然存在，并且卢梭认为契约一旦订立，任何人都必须服从公共意愿，即使是贵族、君主也不例外，他们只是执行公共意愿的工具而已，是为公共意愿服务的，从而宣扬了人民主权的思想。

霍布斯与卢梭的社会契约观点虽然都认为主权是绝对的、不可分割和转让的，然而也存在着突出的不同。霍布斯主张人性恶的观点，认为在国家出现之前，人类处于混乱的自然状态之中，为了摆脱自然状态，霍布斯求助于强制权力和惩罚，通过国家的力量来抑制邪恶，使人们脱离自然状态。但是霍布斯的契约具有单向性的特点，认为人民订立契约时已交出了自己全部的权利，主权者既没有与全体人民为一方订约，也没有和人民个人订约。因此，主权者就不存在违约的问题，不受契约的约束，同时，他的臣民也不能以取消主权为借口而解除对他的服从。在卢梭看来，社会契约并不是惩治邪恶的工具，而是人们获得真正自由与理性、实现正义的途径，卢梭在论述公民国家的时候便体现出了这一点："当人从自然状态进入到社会状态中时便会发生巨大变化：正义取代本能成为人类行为的准则，并赋予人类行为以原先所不具有的道德内涵。此时，人类的责任意识取代了肉体的冲动与欲望，人类也由原来的只为自己着想而转变为开始按社会原则行事，理性开始代替个人欲望指导人类行为。虽然人在公民国家中不得不放弃在自然状态中的一些优势，但是最终他所获得的要远远大于失去的……只有人类生活在公民国家中并拥有了道德自由才能使他成为自己的主宰。如果人类只服从于自己的欲望就会成为欲望的奴隶，而服从于人类的法律规定就会获得真正的自由。"同时，卢梭认为："只要人民被强迫着去服从，并服从了，那么他们便做得很好；一旦人民能够摆脱，并摆脱了这种束缚，那么他们将做得更好；不管人民重获自由是正当的，还是剥夺人民自由的人是不正当的，人民拥有重获自由的权利，正如剥夺人民权利的人有权将其拿走一样。"由此可见，人民的自由不是像霍布斯所言一经交出就无法收回的，不管怎样人民都具有重新获得的权利，同时，社会契约既不是个人与统治者订立的，也不是个人与个人订立的，而是个人与社会、个人与全体订立的。从根本上说，卢梭认为人民拥有自我拯救的能力，国家是一个自愿的组合，而霍布斯则否认人民具有这种能力，国家是镇压邪恶、保障人民安全的工具。在卢梭眼中，自由与更好地生存是人们契约缔结的原因，而在霍布斯眼中，安全才是最为重要的。

《社会契约论》概括了卢梭的政治思想和对政治制度的系统设想，从社会契约是怎样产生的到对主权、法律、立法者与人民的论述，再到对政府性质与形式以及国家体制建立过程中的问题的探讨，卢梭对政治的起源、本质和形式都进行了深刻的探索，在启蒙运动中第一次提出了"人民主权"的口号，描绘了未来民主共和国的蓝图，这使它成为政治思想史上为数不多的经典的作品之一。《社会契约论》让我们对国家的产生和社会制度、法律等的产生和必要性有了一个原初的认识，给予了我们探寻国家、政治社会起源的线索。对于资产阶级政府背后所蕴含的政治思想有了一个深入的了解，为我们研究资本主义政治思想以及在它影响下所建立的资本主义政治体制提供了有利的切入点。

在卢梭看来，社会契约的目的就是"找到这样一种联合形式：它在利用集体力量保障每个成员人身和财产权利的同时，又可使每个成员在联合的过程中仍然可以保持原有的自由，并只服从于自己的意志"。从而使得每个成员"都将自身以及自己一切的权利置于整个集体之中，并接受公共意志的最高领导；每个人都是不可分割的一部分"。这种联合的行为创造出了一个人为的集合体，这个集合体是一个统一体，具有自我意识，拥有自己的生命与意志，被卢梭称为一种"公共人格"。当这种"公共人格"处于消极状态时被称为国家，而当它积极发挥作用时，便成为了主权国家。

　　然而，并不是说公众所确立的社会契约一旦成立，人们就会自动地履行，这是因为每个人类个体都会有私人意愿，而这与他作为公民所应具备的公共意愿存在着不同，甚至会发生冲突。因此，社会契约必须还要具有另外一个条件才能保证自己的生存，那就是，"社会契约本身还暗含着这样的承诺——它给社会契约注入了力量——任何人如果拒绝服从公众意愿，将由集体的力量迫使他服从，也就是说人们要迫使他服从。"只有这样，社会契约才不至于成为空谈。

　　但是，这不能证明卢梭所提出的社会契约观与霍布斯的观点是一样的，从而得出人民必须服从统治者意志，也不能证明卢梭的社会契约观是一种极权主义的理论。首先，社会契约中的每个人都是在与自己订立契约，所谓成员要服从公共的力量与权威是与单纯的强力相区别的，这在卢梭"论强力"那章中已经有深入的论述，强力是不会产生任何义务和合法的服从的，而契约的各成员对公共力量和权威的服从是建立在各成员的信任和接受的基础上的，这也就赋予了这种权威以普适性以及不受限制的特性。其次，公共意愿和权威与政府的具体社会管理行为是不同的两种事物，政府是在主权授权的情况下，对公共意愿的执行者，任何的政府行为都是个别的、特殊的行为，而不具有普遍性，因此，公共权威的强制性与具体政府的强制行为是有着质的差别的。

　　同时，卢梭对于公共意愿，这个社会契约的核心问题，也有着深刻的认识。卢梭认为公共意愿并不等于所有人的意愿，公众意愿的研究只限于公共利益，然而所有人的意愿所研究的却是个人的利益，它事实上只是一种个人欲望的集合。因此，公共的意愿并不是要经过所有人的同意才能够成为公共的意愿。少数服从多数也不是说多数集团中成员的决定是代表了个人的要求和愿望，而是代表了公共的意愿和要求。少数人接受的不是多数人集团的要求，而是多数人对于公共意愿的解读与看法，不管是少数集团还是多数集团，其要求与意愿都只能是反映公共意愿的，而不是个别的意愿。

卢梭还区分了法律与法令之间的关系。他认为普世的正义只能是理性的产物，但是如果要在人们之间实现这种正义，它就必须具有相互性，……人们就必须缔结契约，确立正确的法律，以将权利与义务结合起来，使正义在人类中间得以伸张。法律是全体人民为全体人民所制定的规则，法律集人类意愿与立法领域的普遍性于一身，公共性是法律的固有属性，因此，法律的对象只能是针对全体的成员，"任何基于个人权威所发出的命令都不能被称为法律；甚至主权自身对具体事务所做出的指令都只是法令而非法律，是政府行为而非主权行为"。总之，一旦涉及对具体事务的处理时，法律就要让位给法令。而只要法律具有普遍性，不针对具体的人或者事便是公共意愿的体现，是人民大众的选择与需求。

尽管卢梭的主权在民、平等、自由等观点在当时具有十分积极的社会作用和影响，但是任何时代的思想家的观点都被打上了时代的烙印，都具有一定的局限性，对于他们的观点要坚持扬弃的立场，取其精华，去其糟粕。

在卢梭看来，公共意愿是人类理性、普世正义的代表；社会契约也是为了将正义之事与利益所界定之事结合起来，从而使正义与效用能够并存；并认为正义只能来自于上帝，普世的正义只能是理性的产物，这说明卢梭依然受到了当时所盛行的古典"自然法"思想的影响。自然法思想是指以昭示着宇宙和谐秩序的自然法为正义的标准，坚持正义的绝对性，相信真正体现正义的是在人类制定的协议、国家制定的法律之外的，存在于人的内心中的自然法，而非由人们的协议产生的规则本身的法学思想。自然法思想主张有一个实质的法价值存在着，这个法价值乃独立于实定法之外，且作为检定此实定法是否有正当性的标准。自然法学说认为，在自然，特别是在人的自然本性中，存在着一个理性的秩序，这个秩序提供一个独立于人（国家立法者）意志之外的客观价值立场，并以此立场去对法律及政治的结构作批判性的评价。自然法的观点将真理、人性、正义都抽象化，是客观唯心主义的典型特征，资产阶级抽象化、绝对化真理、正义，从而使人们看不到资本主义制度中所含有的阶级性，将自由和理性作为一种绝对化的真理，宣扬理性的普遍适用性，从而看不到绝对真理和相对真理的区别。然而，历史是不断发展的过程，没有一成不变的真理、理性与正义，推动社会进步的不是人们对于绝对理性的追求和向往，而是不断发展的生产力，生产力决定了一切的社会意识，在每个生产力的发展阶段，都会有与其相适应的社会意识的存在。同时，没有神圣、永恒不变的正义与道理，一切事物都是处于永恒的变化发展中的，包括人们对于正义和真理的认识。

卢梭将法律看成是公共意愿的体现，是全体人民为全体人民制定规则，同时还宣扬人民主权的思想，但是，他在《论立法者》中却说"如果我们要探索出最为适合国家的社会准则，就需要具备一种极高的智慧：它明了人类的各种感情但却又不会被其牵绊；它与人性没有任何联系，却又对其了若指掌；它的快乐独立于我们的快乐，但它对我们的快乐却十分地关注。它情愿为了长远的胜利而一直等待下去直到时机成熟的那一刻，辛勤耕耘放眼长远利益。人类需要神明为其立法"。将立法权交给了具有极高智慧又高瞻远瞩的人，这显然不是所有人都可以满足的条件，从而将立法者局限在了少数精英的范围内，然而，如果没有民众以适当的方式控制立法制度和程序，人民主权就容易流于空洞的口号，法律也难以代表人民的意志，实现其普遍性和公正性。这就体现出了卢梭思想的矛盾性和局限性。

卢梭在一些问题的论述上显然有些牵强附会。他认为"在任何气候中，自然因素决定了政府的形式，甚至还决定了当地居民的类型"。"炎热的国家比寒冷国家所需的居民要少，而可以养活的居民也更多，这便为专制制度提供了双重的剩余。当相同数量的人占有的地区扩大的时候，暴乱就更难于发生。因为居民不能很快并且秘密地联合在一起，政府就总是易于发现阴谋，并切断他们之间的联系……人口最稀疏的国家最适合暴君专治；凶恶的野兽只有在沙漠中才能横行霸道。"卢梭没有看到在这些纷繁复杂的现象背后，生产力才是一切社会制度的决定因素，而气候、地理环境和地区的风俗习惯只属于事物的特殊性，而不能替代所有历史发展的一般性规律，即普遍性，他们将事物的两种属性给颠倒了过来。尽管如此，他对社会发展规律的客观性探索，不附庸当时主流思潮的研究精神仍然是值得赞赏的。

《社会契约论》本来是卢梭很早就构想的《政治制度论》的一部分，后来他感到完成此书需要好多年的时间，就放弃了原定的计划，把《社会契约论》作为相对完整的著作出版，这在本书的前言中已有所交代。本书是根据英国哲学家毛里斯·克兰斯顿（Maurice Cranston）的版本翻译而来。克兰斯顿生于1920年，并于1993年去世，生前是伦敦经济学院的政治学教授，并曾经获得过詹姆斯·泰特·布莱克纪念奖（英国最古老的文学奖项），长期为英国和美国多家著名刊物供稿。

　　能够对这本著作进行翻译，本书译者感到十分荣幸，同时，在翻译的过程中，也觉得收获颇丰。但也时时不免有些惶恐与不安，生怕不能将这本名著的精髓原原本本地展现给大家，因而，译者普遍参考了西方政治思想书籍，力求在对原著有精准理解的同时，将原著的精神还原给大家。本书分为四卷，共四十八章，在每章的开头，译者都选取了本章的重点语句或经典的句子，使读者能够在较短的时间内对本章内容有一大致的了解。由于译者学识有限，翻译过程中尽管力求尽善尽美，但是疏漏与浅薄之处肯定在所难免。还望各位读者不吝赐教。

译　者

目 录

第一卷

第二卷

第三卷

第四卷

第一卷

我一直在需求一个答案，在社会秩序之中，是否存在一个确切而又合法的政权准则，在其中，人类能够得到他们应有的权力，而法律能够实现它们真正的含义。在这个过程中，我一直致力于将正义之事与利益所界定之事结合起来，从而使正义与效用能够并存。

我的探讨已然开始，但我尚未论证上述主题的重要性。你们也许会问我是不是一位正要对政治问题进行论述的君主或者立法者。我可以告诉你们我不是，而这也是我为什么要这样做的原因。如果我是君主或者立法者，我便不会将时间浪费在论述该问题上，我会直接采取行动或者保持缄默。

作为一个自由国度中的公民和主权者的一分子，我认为尽管我的观点对公共事务的影响力十分微弱，但是既然我拥有投票权，我便有责任对其进行研究：值得庆幸的是，每当我对政府进行研究的时候，我总会为我的研究发现而更加热爱自己的国家。

第一章 本卷主旨

人生而平等，但他却总是处于桎梏之中。人类认为自己是万事万物的主宰，但却不知自己所受的奴役比其他事物更多。我不清楚这个变化是从什么时候开始，但是我却知道这种变化是怎么被合法化的。

如果仅仅考虑强力，以及强力所带来的结果，我就会说："只要人民被强迫着去服从，并服从了，他们便做得很好；一旦人民能够摆脱，并摆脱了这种束缚，他们将做得更好；不管人民重获自由是正当的，还是剥夺人民自由的人是不正当的，人民拥有重获自由的权力，正如剥夺人民权力的人有权将其拿走一样。"但是社会秩序是一项神圣的权力，它是建立在其他任何一项权力之上。然而，这种权力并非是一种自然存在，因而它必须建立在约定的基础之上。在探讨该问题之前，我必须对我上述观点进行论证。

第二章　论最初的社会

所有社会形态中，最古老且唯一自然的便是家庭：即便如此，孩子只有在需要父亲抚养的情况下，才会依附于父亲。一旦孩子不再需要抚养，这种自然的联系便会解体。孩子从对父亲应有的顺从关系中解脱出来，而父亲也从他对孩子所应承担的抚养关系中解脱出来，两者都恢复到了同等的独立状态。如果他们仍旧维持原有关系，则这只是出于自愿，而不再是一种自然的关系。此时，家庭本身则通过约定得以维系。

这种普遍的自由来源于人类的本性。人类的首要规则就是要维持自己的生存，因而他最关心的皆是与自身生存有关的事物。一旦他拥有了自己的判断力，他便可以自己决定适合自己的生存方式，从而成为自己的主人。

因而，家庭被称为政治社会的最初形态：社会的统治者相当于父亲，臣民则相当于孩子；所有的人生来自由且平等，只有为了个人的利益，人类才会对自由有所取舍。总的不同在于，在家庭中父亲是出于对于子女的爱而抚养子女，然而，在国家中，高高在上的统治者不会像父亲对儿子那样去爱他的臣民，发号施令的快感取代了爱的作用。

格劳秀斯[①]否认所有的人类政府都是为了被统治者的利益而建立的，认为奴隶制便是这样的一个例子。他的推理方式的特点在于总是以现实作为判定权力的依据[②]。设想一种更为符合逻辑的推理方法并非难事，但这种方法不见得对于暴君就更为有利。

于是，格劳秀斯提出了这样一个问题：究竟是全人类属于某一百个人，还是那一百个人属于全人类？然而，在他的整本书中，他似乎更倾向于前者，这也正是霍布斯的观点。依照他们的观点，人类就好比是众多的牛群，每个牛群都有自己的首领，首领确保各自成员的安全，而这只是为了吃掉它们。

如同牧羊人在品性上高于羊群之中的羊一样，人群的牧羊人，也就是，人类的统治者在品性上高于他的臣民。由此，根据斐洛[③]的记载，罗马皇帝卡利古拉就曾运用相同的类比推理，顺理成章地做出以

---

① 雨果·格劳秀斯（Hugo Grotius，1583～1645 年），是近代西方启蒙思想家中第一个比较系统地论述理性自然法理论的人。他汲取了古希腊和古罗马思想家自然主义自然法理论的精华，扬弃和摆脱了中世纪神学主义自然法的桎梏，开创了近代理性自然法（古典自然法）的先河。他认为，自然法来源于"自然"和人的"理性"，人们在理性的支配下按照自然的规定来指导自己的行为。人性是自然法的源泉，神是法的第二源泉。作为一种正当理性的命令，自然法是一切法律的基础和依据。根据自然法理论，格劳秀斯提出了天赋的自然权力和社会契约等观点，认为国家是人们为了享受法律利益和谋求共同福利而组成的最完善的联盟。

② "在公法方面的深入研究往往只是古代滥用权力的历史，对此研究越深，就会陷入烦恼之中，遭到误导。"见阿冉松侯爵著《论法国与其邻国关系的利益》，阿姆斯特丹，雷伊版。（卢梭引自阿冉松侯爵。——原译者注）

③ 斐洛（约公元前20年～公元40年），生于亚历山大城的犹太哲学家和政治家，第一个尝试将宗教信仰与哲学理性相结合。他的思想是联系希伯来文化、希腊文化、基督教文化纽结。

下结论：要么国王是神，要么人民就是牲畜。

卡利古拉的推论与霍布斯以及格劳秀斯的不谋而合。其实，早在他们之前，亚里士多德就曾说过，人与人在本质上是不平等的，一些人生而为奴，而另一些人则生来就是要统治别人的。

亚里士多德是对的，但是他却错将结果当作原因了。每个生在奴隶制之中的人，本身就是为了奴隶制而生的这一点是毋庸置疑的。奴隶在锁链中失去了一切，甚至丧失了从中解脱的愿望：他们钟爱自己的奴隶状态，正如尤利西斯①的同伴们喜爱他们恶劣的生存环境一样。② 然而，如果存在本质上就应该是奴隶的人，那么这只能是因为先出现了与自然状态相悖的奴隶制。强力创造了第一批奴隶，接着这批奴隶的软弱使得他们成了永远的奴隶。

迄今，我尚未提及亚当王或诺亚皇帝，也就是三位伟大君主的父亲。这三位君主，如同萨士林的孩子一样，曾经共同统治世界，而一些学者也确认了他们在历史上确实存在。作为这些君主在世上的直系后人，也许还属于其中最古老的那一条支脉，我希望各位读者能够对我并未炫耀自己血统的谦逊行为表示些许赞赏，如果对我的这一身世进行调查的话，我又怎会不知道我才应该是人类合法的国王？亚当是全世界的国王，这点毫无疑问，就像鲁滨逊是他所流落的那个荒岛的国王一样，只是因为他是那里唯一的居民，这个帝国的一大优点就在于君主可以安坐他的王位，不必担心会发生叛乱、战争或者出现阴谋家。

---

① 又名奥德赛、奥德修斯，希腊神话传说中的人物，曾献木马计，足智多谋，英勇善战。

② 见普鲁塔克的一篇短论，题为《加入动物运用理性》。

第三章　最强者的权力

就算是最强大的人也不可能强大得足以永远地主宰他人，除非他将强力转化为权力，并将服从转化为义务。由此便有了"最强者的权力"。这里的权力一词听起来颇具讽刺意味，但事实上却被确立为一项原则。然而，我们是否就不再需要解释这个词的含义了呢？强力是一种物理力量，我看不出它如何促使道德产生。屈服于强力有时候是一种必须，但并非出于自愿，这最多就是一种明哲保身的行为。但它又怎会成为一种道德义务的呢？

我们暂且假设这种所谓的权力是存在的。我认为它只会产生一系列令人迷惑且毫无意义的结论。因为一旦强权变成了公理，因果便会颠倒，并且当原有强力被另一强力所打倒后，后者便继承了前者所遗留下的权力。一旦一个人的反叛行为得不到惩罚，那么他的这种行为就成为合法的了。既然最强者永远都是正确的，那么唯一的问题就是怎么变成最强的人。在强力消失后，依附于它的权力也将消失，那么这个权力的合法性又是什么呢？如果人们的服从来自强力的作用，那么人民就没有服从的义务。如果强力停止了作用，那么人们将不再负有任何服从的责任。因而，权力一词与强力毫不相干，强行将两者拼凑在一起是毫无意义的。

如果仅仅将"服从于掌权者"这项规则理解为"向强力屈服"，那么此项规则是合理的，但却又是多余的。我敢说，这项规则永远都不会被人违背。所有的权力来自上帝，这点我同意，然而所有的疾病也是上帝所降，但并没有人因此阻止我们求医治病啊。如果我在树林边被强盗截住，那么他肯定会用强力迫使我交出钱袋。但是，我要是能够用某种方式保住我的钱袋，那我还会心甘情愿地交出去吗？毕竟，强盗手中的手枪无疑是一项"权力"。

可以肯定的是，我们必须承认力量并不会产生权力，只有合法的力量才能享有被服从的义务。这样，我们又被带回了我最初提出的那个问题上。

第四章　奴隶制

既然没有任何人拥有凌驾于其他人的自然权力，并且强力本身并不享有任何权力，那么人类的所有合法权威都必须建立在契约的基础之上。

格劳秀斯说过："如果一个人可以转让他的自由，而成为主人的奴隶，那所有的人为何不能转让他们的自由，从而成为国王的臣民？"

这句话中还有一些含义模糊的词尚需解释，但这里我们可以先集中分析其中的一个词——"转让"。转让意味着给予或者出卖。一个人成了别人的奴隶并不是将自己给予了对方，而是出卖了自己，这样至少可以使自己生存下去。但是假若所有的人民出卖自己后，又能换回什么样的报偿呢？国王不但不会供养他的臣民，反而要靠他的臣民来供养。同时，拉伯雷认为，国王所需的供养绝不只那一点点。难道国王在接受人民供养的同时，还要再占有人民的自由吗？如果是这样的话，我不清楚人民还会拥有什么东西。

有人会认为君主能够保障国内的安宁。这点固然是好，但是如果君主为了满足个人的野心而使国与国之间战乱迭起，或者君主欲壑难平，其政府对人民进行压迫，致使民生凋敝，造成了比内乱更为严重的后果，那么国内的安宁对于人民来说还有什么意义呢？倘若获得安宁的代价是经历上述任何一种的苦难，那么人民又得到了什么呢？住在地牢里固然安全，但地牢就真的是一种令人满意的选择吗？住在独眼巨人的洞中的希腊人是安全的，但他们将一个接一个地被巨人吞食。

如果说一个人出让自己而无任何所求，那这将是一件荒谬且令人难以置信的事情。这种举动既不合理又没有任何意义，因为任何头脑清醒的人都不会这么做。我们若将此推及至整个国家，那么无异于正在设想一个疯子的国度，权力是不能建立在非理性的基础之上的。

即便个人可以转让他自己的自由，但是他却不能转让他子女的自由。人人生而自由，既然他的子女也是人，那么他们的自由便属于自己，只有他们自己才有处置的权力。父亲在子女成人之前，为了他们的安全与幸福，会以他们的名义确立一些规则，但是他却不能永远且无条件地剥夺他们的自由，否则就是违背自然法则，并且是对父亲权力的一种滥用。因此，对于独裁政府而言，只有在每一代的国民都可以自由接受或者反对它时，它才是合法的政府，而到那时，它就不再是独裁的政府了。

放弃自由就等于放弃了人性，放弃了人所应有的权力，以及同样重要的义务。什么都可以放弃的人必定要一无所获。事实上，这种行为是与人的本性相违背的，因为倘若你完全剥夺了一个人自由的意志，也就剥夺了他行为中所有的道德意义。总之，任何契约如果将缔约的一方置于绝对的统治地位，而另一方置于绝对的服从地位，那么它将是不合逻辑的，不具有法律效力。这样的契约不就是表明了一个人有权无偿地享有任何权力吗？难道一项只规定了单方面收益与责任的法律还有效力可言吗？奴隶主会说我的奴隶对我会有什么权力要求？既然他是属于我的，那么他的权力就是我的权力，如果说我对我自己有权力要求岂不荒谬？

格劳秀斯和其余的人称他们可以在战争中为所谓的奴隶制的权力寻找合理依据。他们认为既然战胜者拥有杀死战败者的权力，那么这就意味着战败者有权用他们的自由来换回他们的生命——他们认为这是一种更为合理的交易，因为这对双方都是有利的。

但是这种所谓的战胜者的权力并非来自战争状态，这点是显而易见的。原因只有一个：处于原始的独立状态中的人类，他们之间的交往并不固定，还不足以形成一种和平或者战争的状态，人与人之间并不是天生的敌人。对事物的争夺，而非纯粹的争吵构成了战争，战争状态是不可能在人与人之间的关系中凭空产生的，而是来自财产关系。人与人之间的个人战争既不可能存在于自然状态，也不可能存在于社会之中，因为在前者中并不存在固定的财产，而在后者，一切事物都必须服从于法律的权威。

个人间的争斗、决斗或者冲突并不构成任何一种常态。至于法兰西国王路易九世所颁布的那条允许个人间发生战争的敕令，后来也被"上帝的和平"运动所废止。这种敕令只不过是对封建政府权力的滥用，即使曾经存在也是一种不合理性的体制，是被自然正义和所有优良政治体制所不容的。

于是，战争并非是一种人与人之间的关系，而是一种国家与国家之间的关系；战争中所有的个体之间只是偶然地成了敌人，他们在其中的身份是军人，而不是单纯的人，甚至不能算是公民①；他们不是作为国家的成员，而是国家的守卫者。总之，一个国家的敌人只可能是另外一个国家，而不会是人，因为本质不同的事物之间是不存在任何真正的联系的。

上述原则符合任何时代的既定准则和任何政治社会的惯常实践。外国人——包括国王、个人或者整个民族——如果抢劫、杀害或者拘禁另一国君主的臣民，而不首先向该国君主宣战，那么他就只能算是

---

① 罗马人比世界上任何民族都更懂得与尊敬战争的权力，他们在这个问题上十分谨慎，以至于除非一个公民公开表示反对某个具有确切名字的敌人，否则是不允许自发参与战斗的。小卡图曾在波比里乌斯的军队中参加了第一次战斗，当波比里乌斯的军团改编后，老卡图给波比里乌斯写信说如果他仍希望自己的儿子在他的军队中效力，他就应该更新军队的誓言，这样他儿子第一次所做出的誓言将无效，并且没有拿起武器对抗敌人的权力。老卡图还写信给自己的儿子警告他如果不进行宣誓就不可以参加战斗。

我知道有人会以克鲁修姆之围或者罗马历史中其他事件来反驳我的观点，但是我所引证的是法律和惯例。罗马人比其他所有民族都更为遵守自己的法律，也没有任何民族曾像罗马人一样有过如此优秀的法律。

一个强盗，而不是敌人。甚至在战争之中，一个正直的君主即使获得了敌国领土上的公共财产，他也会尊重敌国臣民个人的尊严和财产的，他尊重自己的权力所确立的基础。既然战争的目的是要战胜敌对的国家，那么一国的战士便有权杀死敌国处于武装状态下的保卫者；一旦他们放下武器投降，他们便不再是敌人或者敌人的工具；他们再次成了普通人，任何人无权夺取他们的生命。在某些情况下，一国很可能毁灭了某个国家，而不伤其一兵一卒，战争所给予的权力也仅限于取得胜利所必需的那部分代价，任何多余的毁坏都是不被允许的。这些原则既非来自格劳秀斯，也非出自诗人的权威，它们是自然的产物，是确立在理性的基础之上的。

所谓征服者的权力只能来自最强者的逻辑。但是如果战争不能赋予胜利者以屠杀战败国人民的权力，那么这项权力便不能成为奴役他国人民的依据。人类只有在不能奴役别人的状况下，才有杀死他的敌人的权力，因而，奴役他人的权力并不能从杀死敌人的权力中得出。由此，以前所述以自由换取生命的交易是不公平的，因为战胜者对于战败者的生命并不具有合法的支配权。针对奴役权是建立在对他人生死的支配权之上，还是对他人的生死支配权是建立在奴役权的基础之上的辩论已然陷入了一个谬误的循环之中。

即使我们假定这项可怕的屠杀权确实存在，那么战争所造成的奴隶或者被征服的人民便没有责任服从他们的主人，除非他们被逼如此。战胜者在拿走了战败者生命的等价物后，并不会善待于他；与其杀死战败者，一无所得，不如通过剥削的方式毁灭他。这样，战胜者除了可以压迫战败者之外，不再具有任何的权威，他们之间的战争仍然继续着；双方的关系是战争的结果，战争权力的继续意味着他们之间从来就未曾缔结和平的条约。如果真有这样的一个协定的话，那么它并不能终止战争状态，而是预示着战争的继续。

由此可见，不论我们怎么看待这个问题，奴隶制中的"权力"都是不存在的，这不仅仅因为它是没有任何合理依据的，还因为它本身就是荒谬的，没有任何的意义。"奴隶制"与"权力"两个词是相互对立的，不能共存。不论是一个人与其他人之间还是一个人和整群人之间，都不可以荒谬地认为："我在此与你订下契约，该契约所有条款只对我个人有利，并以你的牺牲为代价；我只在我高兴的时候遵守该契约，而只要我愿意，你则要一直遵守下去。"

第五章　我们必须追溯至原始的契约

即使我可以对上述所反驳的观点进行妥协，那些专制制度的拥护者们也不可能安之若素。毕竟，镇压一群人与治理一个社会，这两者之间永远存在着巨大的差异。如果某个人不断扩充奴隶的数量，那么不管奴隶的数量有多么的巨大，他与奴隶之间只存在一种关系，那就是主人与奴隶的关系，而不是统治者与人民的关系；这个群体只在数量的叠加，而非一个彼此相连的整体，因为它的成员间不享有共同的价值标准，它也不是一个政治体。这样的人即使可以统治半个世界，他仍然是一个单独的个体，他的利益永远都是一己私利，与他人的利益相背离。当他死后，他所遗留下的这个帝国也会因为缺乏联系机制而分崩离析，如同一颗橡树被火焚烧后消解而化为一堆灰烬。

格劳秀斯说过："人民可以将自己奉送给国王。"由此看来，根据格劳秀斯的观点，人民在将自己奉送给国王之前就已经是"人民"了。人民是一种社会现象，它的出现已经假定了公共意志的存在。所以，我们在思考上述行为之前，有必要先分析一下人民是如何形成的，因为后者必然是早于前者形成的，是社会结构的真正基础所在。

事实上，如果没有最初的契约，那么除非各位选举人的意志都一致，否则，少数人为何具有服从多数人意见的义务呢？如果有一百个人想要有一个主人，而另外十人不同意，那么为何这一百个人就可以代替这十人进行投票呢？多数表决的规则本身就是建立在某个契约基础之上的，表明之前至少存在过一个全体的意见。

第六章　社会契约

我假设人类达到了某一临界点：在自然状态下，当威胁到人类生存的障碍已经远远超出了人类维持生存的能力范围。在此情况下，如果要摆脱这种状态，人类原始的生存状况必须要改变，否则，人类就将灭亡。

在人类不能创造出新的力量的情况下，就只能通过组合并掌控现有的力量来维持自己的生存。因此，人类唯一的出路就是要将他们分散的力量联合成一个整体，在共同的目标下采取统一的行动，从而使自己强大到足以克服任何的困难。

只有当分散的个体联合成一个整体后才能产生这种合力，但是每个人的力量和自由是他维持生存的首要手段，在他与他人联合成一个整体的同时，他该如何才能不危害到自己的生存或忽视自己应该受到的关怀？这一难题引出了本章的主题，它可以表述为如下内容：

"如何才能找到这样一种联合形式，使它在利用集体力量保障每个成员人身和财产权力的同时，又可使每个成员在联合的过程中仍然可以保持原有的自由，并只服从于自己的意志。"

这项契约的所有条款都由人类行为的本质所决定，它们如此精确以至于任何微小的变更都会使其失去原有的含义；尽管它们从未被正式提出，但不论在任何地方，它们的形式从未发生过变化，并得到了人们的承认与认可。如果人类违背了契约，那么每个人将重新获得他原有的自然权力，而这是以失去社会自由为代价的。

这些条款无疑可以被简要地表述为：每个结合者将自身所有的权力都移交给集体。这样，首先，每个人都应受到同等的待遇，因为每个人已经彻底地将自己交给了集体。不公正的待遇对任何人都是不利的。其次，只要这种权力的移交是无条件的，整个集体便处于最佳状态，任何结合者都不再拥有任何私人的权力个人可能就会将这种权力无限制地扩大，这样下去，人们就会又恢复到自然状态中去，人类的联合体便会陷入混乱或者荡然无存。

最后，既然每个人都将自己交给了集体而非个人，每个结合者都不具有比他人更多的权力。在这项交易中，每个人不但得到了与他所失的一切相等价的事物，还获得了更多的力量来保全既有所得。

如果我们抛开社会契约中任何非本质的因素，那么它便可表述为："我们中的每个人都将自身以及自己一切的权力置于整个集体之中，并接受公共意志的最高领导，且我们每个人都是不可分割的全体中的一部分。"

很快，这种联合的行为创造出了一个人为的集合体，各缔约者已不再是单独的个人了。它拥有自己的众多成员，就如同议会中的议员一样。由此，这个集合体便成了一个统一体，形成了自我意识，拥有自己的生命与意志。这个由所有人组成的公共人格曾被称为城邦①，而现在则被称为共和国或者政治体。当它处于消极状态时被称为国家，而当它积极发挥作用时，便成了主权国家，当它与同类相比时，则被称为强国。它的成员拥有一个共同的名字"人民"；各成员只要处于共同的主权之下，就可以称为公民；只要他们将自己置于国家法

---

① 在当今世界上，人们几乎已经忘记了这个词语的真正含义了。他们将城镇当作城邦，将公民视为市民。人们忘记了几座房子就可以组成一个城镇，但只有公民才能构成一个城邦。迦太基人昔日就曾为了这种错误而付出了沉重代价。我从未听说过"公民"这一名称被用于任何一个君主的臣民，即使是古代的马其顿人或现在的英国人也是如此，尽管他们比其他国家都更接近自由。只有法国人将自由这一词随便地赋予任何一个人，这是因为他们并不清楚这个词的确切含义，这从他们的词典中就可以看得出来。否则，他们就犯了大逆不道的谋篡罪了，他们只用这个词来表示一种社会地位而不是法律上的权力。当博丹在说起公民与市民时，他犯了一个拙劣的错误，将两者的含义颠倒了过来。达朗贝先生没有犯同样的错误，在他的文章《日内瓦》中，他正确地区分了城镇中的四等人（如果包括外国人的话，就是五等），而其中只有两种能够构成共和国。据我所知，迄今尚未有一位法国作者明白"公民"的真正含义。

律的约束之下，他们就可被称为臣民。然而，人民经常混淆这些词的含义，错将一词当作另一词来使用，但重要的就是认识这些词语的精确含义。

第七章　主权国家

上述公式表明联合行为包含着社会与个人之间的双向约定。于是，在某种程度上，每个人在与自己订立了契约时，便受到双重约定的制约，首先，它体现在主权国家成员与个人的关系中，其次，体现在一个国家的成员与主权国家的关系中。民法的原则并不适用于上述情况，因为它规定一个人可以不受与自己所定契约的约束，但是对自身应负的责任与作为某集体成员所应负的责任之间是存在着巨大差异的。

我们还必须注意的是，由于人在与自己订立了契约时受到两个方面的制约，因而公众的决定可以向所有臣民施加其对于主权国家所应负的义务，但是，它却不能对主权国家施加任何对于主权国家自身的义务；因此，主权国家是不能给自身制定不可僭越的法律的。主权国家只受到一个方面的制约，它存在于个人与自身所订立的契约之中。因此，任何基本法律都不会也不可能约束人类的整体，甚至社会契约本身也是如此。这并不意味着这个整体不会给其他的整体、其他的国家，施加责任，只要这种责任不违反契约；因为在国与国的关系中，每个政治体只是一个普通的实体。

然而，既然政治共同体或者主权国家的存在都完全依赖于契约的有效性，所以它不能做任何有损于最初的联合行为的事情，甚至是在与他国签订条约之时，例如，它不能割让自己的领土或者屈从于其他主权国家。联合行为造就了主权国家自身，违反了联合行为条件就等于是毁灭了自己，这就是，皮之不存，毛将安附。

只要人民大众联合成一个整体，那么任何人都不能伤害到其中的成员，除非他攻击这个整体。同时，整体所受伤害越轻，每个成员就越感觉不到伤害的存在。责任与个人利益使得缔约双方能够给予彼此相互的帮助，这两方应该尽量获取这种双边关系所带来的种种利益。

现在，既然主权国家完全由个人组成，那么它的利益与成员的利益是一致的；主权国家无需向臣民做出任何保证，因为没有一个政治体会希望自己的成员遭到伤害。我们发现，它不会伤害到任何特定的集体成员。由此看来，主权国家永远都只会做它应该做的事情。

但是，事实上，主权国家与臣民之间的关系并非如此。尽管这两者间存在着共同的利益，但是如果要臣民履行他们的承诺，还需要找到适当的办法来加以保证。

每个人类个体都会有私人意愿，而这与他作为公民所应具备的公共意愿存在着不同，甚至会发生冲突。私人利益与公共利益之间可能会存在着巨大的差异。个人绝对且自然的独立状态使他认为不需要对公共事业做出应有的贡献，由他人来承担公共利益的损失要比由自己来承担要轻松得多；构成国家的假象人只是一个理性行为体（它并不是真正的人），而真正的人可能只寻求享受一个公民的权力，而不愿履行一个臣民应该承担的义务。随着这种不公平现象的增多，政治体将最终走向灭亡。

因此，为了不成为一种空谈，社会契约本身暗含着这样的承诺——它给社会契约注入了力量——任何人如果拒绝服从公众意愿，将由集体的力量迫使他服从，也就是说人们要迫使他服从。这项承诺通过将公民置于国家的权威之下来确保公民能够抵制个人主义的行为，正是这项承诺塑造了整个政治机器以及它的运行模式，并赋予这项公民契约以正义；否则，契约就是荒谬的，就会促使暴政的产生，造成权力的严重滥用。

第八章　公民国家

当人从自然状态进入到社会状态中时便会发生巨大变化：正义取代本能成为人类行为的准则，并赋予人类行为以原先所不具有的道德内涵。此时，人类的责任意识取代了肉体的冲动与欲望，人类也由原来的只为自己着想而转变为开始按社会原则行事，理性开始代替个人欲望指导人类行为。虽然人在公民国家中不得不放弃在自然状态中一些优势，但是最终他所获得的要远远大于失去的：他的能力得到了极大的锻炼与发展，视野得到极大的扩展；他的情操变得十分高尚，整个灵魂得到了极大的提升。如果不管新的生存环境怎样变化，在多数情况下都比原有状态对自己有利，那么他就会庆幸自己已经脱离了那种自然状态，从一个狭隘的愚蠢的动物变成了富有智慧的生灵——人类。

我们可以做一张在社会状态中人类的资产负债表，以更好地反映出人类的得与失。在社会契约中，人类失去了他天然的自由以及他对任何渴望得到的事物都享有的绝对占有权。人类得到了社会权力以及法律上所享有的财产权。如果我们要避免在权衡的过程中出现错误，我们必须清楚分辨自然自由与社会自由。自然自由除了个人自身的力量之外不受任何的限制，而社会自由却要受到公众意愿的限制。我们还必须知道所有物与财产的区别。前者是建立在强力或者"先到先得"原则的基础上，而财产却是财物在法律中的称谓。

还需要补充的是，只有人类生活在公民国家中并拥有了道德自由才能使他成为自己的主宰。如果人类只服从于自己的欲望就会成为欲望的奴隶，而服从于人类的法律规定就会获得真正的自由。我对这一主题的论述已经足够多的了，在此就不再讨论自由一词的哲学含义了。

第九章　论财产

每个社会成员在将自己交给社会的那一刻起，他便将自己连同所有的资源（包括所有的财物）都带入了社会之中。但这并不是说个人财物在转交给社会之时，其性质也发生了改变，成了受主权国家支配的财产，而是说，因为国家具有个人所无法企及的庞大资源，所以公共财产明显比个人财产更为安全与稳定，尽管公共的享有并不具有更多的合法性——至少对于外国人来说如此。在国家与自身成员的关系中，社会契约的存在使国家成了个人所有财物的主人，这在国家中成为其他所有权的基础；而在国与国的关系中，国家只享有与个人相同的在自然状态下的"最初占有者的权力"。

尽管"最初占有者的权力"比"最强者的权力"更为真实，但只有在财产这一社会事物形成之时，它才会成为真正的权力。每个人天生就具有获取所需的权力，但这一积极的行为使一个人成为自己财产所有者的同时也将自己同其他的财产分离开来。他的那份财产一旦被确定下来，那么他的财产便只限于此，对社会不能再有任何权力要求。这样，我们就可以看到，在自然状态下，脆弱的"最初占有者的权力"如何在政治社会中获得了人们的尊重。这项权力使人们意识到与其说"什么是属于别人的"，不如说"什么不属于自己"。

作为一个总体上的原则，"最初占有者的权力"只有在满足了以下条件的情况下才具有合理性：首先，这片土地不曾被任何人居住过；其次，土地所有者占有的土地数量不能超出生存所需；第三，土地占有权并非来自空洞的仪式而是来自个人在这片土地上的工作与耕耘——在得到法律许可之前，这是唯一能使他人尊重其所有权的标志。

将"最初占有者的权力"与生存和需要联系在一起，就已经把这种权力扩展到最大的限度了。难道有人可以真正不受这些条件的限制吗？是否一个人只要站在公共的土地上便可立即宣布这片土地归他所有呢？是否只具有暂时将他人排除在外以剥夺他们权力的力量就足够了呢？除了通过犯罪强行占有的方式之外，一个人或民族该如何占有广阔的土地而使其他人不能染指——既然这种行为已经剥夺了其他人享有住所和食物的权力，而每个人都平等地享有大自然所赋予的这些权力？当努涅兹·巴尔波在海边上以卡斯提皇冠的名义占领南太平洋和整个南美洲的时候，是否意味着他可以剥夺所有居民的权力，并可以将世界上其他的君主排除在外？如果这样的话，这种空洞的仪式将永远都不会有止境。而那位天主教的国王只需要在他的暖阁中便可占有全世界，只要随后把别的君主的领地直接划入自己的版图就行了。

我们看到了个人的土地如何被联合起来后成了公共的领土；主权国家的权力如何从臣民扩展到他们所拥有的土地，包括对实物和人身的权力。这使得个人土地所有者变得更为依赖国家的力量，并将他们自己的力量都放在了为国效忠上了。古代的君主似乎并不具备这一优势，他们只称呼自己为波斯人、西西里人或马其顿人的国王，将自己视为人类的统治者而非他们国土的主人。如今的君主更为聪明，巧妙地称自己为法国国王或西班牙国王、英国国王等。他们清楚只要掌握了土地，他们就一定能掌握其上的居民。

社会契约中有关权力移交的独特性在于集体接受个人财物并不意味着要剥夺个人的财物，相反，这是在法律上确定了个人对财物的所有权。篡夺财产的行为被合法的权力和由法律赋予的所有权所带来的幸福所取代。既然每个所有者都被认为是公共财产的管理人，他的权力得到了国家其他成员的尊重，并得到了集体力量的保护以免于外国人的侵害。权力的转让对个人的益处比公众所得到的益处更多，人类借此获得了所有放弃的利益——主权国家与个人所有者对同一财产所拥有权力的差别可以轻易地解释这种看似矛盾的现象，在以下的篇章中——有所体现。

人类还可能在拥有任何财产之前就联合在了一起，不断扩展领土从而能够满足所有成员的需求，接着，他们可以共同享有这片土地，或者在各成员间进行分配，这既可以是平均分配也可以由国家来决定分配的份额的大小。然而，人类不管以怎样的方式获取财产，任何个人对于自己财产的所有权都要服从于集体对成员一切财产的所有权。为此，才能产生社会联合的力量以及主权国家权力的有效实施。

我将用以下结论结束我对本章——和第一卷——的论述，该结论为整个社会系统的基础：

社会契约绝不是要消除自然的平等状态，相反，它是用道德和法律上的平等代替了自然状态所加之于人类身体上的不平等；这样，不管人类在力量与智力上是如何的不平等，人类也可以凭借契约和权力实现平等的状态。①

---

① 在坏政府中，平等只是一种表面现象，是一种幻象。在其中，穷人过着悲惨的生活，而富人则能保持他们的不法所得。事实上，法律只对那些拥有财产的人有利，而对那些一无所有的人则是有害的。因而，社会国家只有在所有人都拥有财产且贫富差距不大的情况下对人类才是有利的。

第二卷

第一章　主权是不可转让的

现行原则最为重要的结果在于国家力量只有在公共意愿的指引下，才能使其与建立国家的目的——公共利益——相一致。如果说私人利益之间的冲突让建立公民国家成为一种必须，那么利益相同者间的和谐关系更是使公民国家的建立成为可能。正是不同利益间的共同点催生了社会联系，如果单个利益之间不存在任何的契合点，那么社会的产生是不可想象的。社会治理必须建立在公共利益的基础之上。

我的论点是主权是公共意愿的实践，是永远都不可转让的。主权是集体的产物，除了主权自身，任何人都无权代理——虽然力量是可以代理的，但民意却是任何其他事物都不能取代的。

事实上，个人意愿与公共意愿之间也可能存在某些契合点，但是这些契合点的出现却不具有规律性和持久性。个人意愿受其本质的影响会具有不公正的倾向，但公共意愿却倾向于实现平等。我们不能保证个人意愿与公共意愿会和谐相处，因为这将是更加难以想象的，即使这种和谐关系可以一直持续下去，它亦不是自然而是巧合的产物。主权国家可能会说："现在我想要得到的东西也正是这个人所想要的，或者至少是他说他想要的。"但是没有一个主权国家会说："明天这个人想要什么东西，也正是我明天想要的。"因为任何人都不会荒谬地希望为未来所束缚。同时还因为任何人都不会赞同与自己利益相悖的意见。如果人民只知道一味地做出服从的承诺，那么最终它将被这种承诺毁灭。一旦国家中出现了主人，那么主权也将不复存在，集体政治也随之被毁。

这并不是说领导的指令就得不到公共意愿的允许，尤其是在主权有权这么做却并没有如此做的时候。在这种情况下，人民的沉默便可被假设为人民赞同领导的行为。在稍后的章节中我将详细论述该问题。

第二章　主权是不可分割的

如果主权是不可转让的，那么它也会因为相同的原因而成为不可分割的。意愿可以是公众的也可以不是；这种意愿可以来自人类的总体①，也可以只来自某一部分人。在第一种情况下，公共意愿的宣言是一种主权的行为，并构成了法律。在第二种情况下，宣言只代表了一种特殊的意愿或者是一种政府的行政行为，它充其量只是一种政令。

---

① 总体的意愿并不一定是一致的意见；但是必须计算所有的选票。任何正式的排他性行为都会破坏这种普遍性。

　　然而，我们的政治理论家们并不能划分主权的原则，而只停留对主权目的的划分上。他们或者将主权分为力量与意愿，或者分为行政权与立法权，税收权、司法权与战争权，或为内政权与外交权。我们的理论家有时混淆了各个部分的含义，有时人为地割裂了主权的含义。他们将主权变成了一种想象出来或者拼凑在一起的事物，就像要创造出一个由几个人的肢体拼凑而成的人，其中一个只有眼睛，一个只有腿，其他只有脚。据说，日本的江湖艺人可以当众将一个孩子砍成几段，然后再将这些肢体抛向空中，而落下来后又会变成一个完整的活生生的孩子。这与我们政治家的伎俩大同小异——用一些变戏法式的伎俩将社会整体肢解，然后再将它们用各种方法拼合在一起。

　　上述做法的错误就在于对主权权威没有一个准确的认识，错将权威的表现形式当作权威本身。例如，他们将宣战和议和的行为当作主权行为，事实上并非如此。这些行为并不构成法律，只是法律的运用，是一种决定该如何解读法律的特殊行为——在我界定了法律一词所包含的含义后，一切都将明了。

　　如果我们以相同的方法来仔细分析其他的主权划分法——认为各种各样的权力是主权的组成部分——我们就会发现不管怎么划分，我们都是错误的。权力事实上依附于主权。倘若我们假定存在一个最高意志，那么权力的用途在于来将此意志付诸实践。

　　我们的法学理论家运用他们自己的原则来界定国王与人民各自的权力。这种对精确化的做法使得他们所得出的结论存在着无法估量的错误。每位读过格劳秀斯著作的第一卷第三章和第四章的读者可以看出这位学者和他的译者巴贝拉克，如何将自己陷入诡辩之中，他们唯恐在书中说得过多或者过少，从而冒犯了他们竭力想赞美的那种利益。格劳秀斯，一个逃亡法国的避难者，对自己的国家不满，便跑出国来向法国皇帝路易十三效忠①，并将此书献给了他。在书中他不遗余力地剥夺了人民的所有权力，并用任何可以想象到的手段将这些权力投向了国王。这正与巴贝拉克意趣相投，他将格劳秀斯的这本书的译本献给了英国国王——乔治一世。但不巧的是，詹姆士二世遭到驱逐——巴贝拉克称为"逊位"，这使巴贝拉克在书中显得游移不决且模棱两可，言语带有明显的保留，以免给人以威廉三世是篡位者的暗示。如果这两位作者能够采用真正的原则，他们便不会遇到上述的困难，他们的观点也就符合逻辑了。这样，唉，他们就会说出真相，并只效忠于人民。然而，真理毕竟不能使他们发财，人民也不能给予他们大使的头衔、教授职位和养老金。

第三章　公共意愿是否会犯错误

本章是对上述观点——公众意愿总是公正的，且总以公众利益中心——的延续，但这并不是说人民的决定总是正确的。我们总是希望

---

① 格劳秀斯是荷兰法学家，生活在"三十年战争"期间，由于宗教政治，他在1618年被判终身监禁，1621年，在其妻玛丽亚的营救下越狱，亡命法国，为法王路易十三服务，任法国驻瑞典公使。在巴黎期间格劳秀斯写成了《论战争与和平法》这部国际法巨著，为全世界始创了国际法的雏形。

得到对自己有利的事物，但却总是不愿意清楚地了解这些事物。人民决不会被腐蚀，但却往往受人误导。只有在这些时候，人民才似乎会接受一些不好的事物。

所有人的意愿（即每个人想得到的事物）与公众的意愿之间往往存在着巨大的差异。公众意愿的研究只限于公共利益，然而所有人的意愿所研究的却是个人的利益，它事实上只是一种个人欲望的集合。但是如果我们去除掉这些个别意志间正负相抵消的部分①，剩下的意愿总和便是公共意愿。

只要一个集体中的人民能够清楚地进行思考，并假设它的成员彼此间没有任何交流，那么他们之间众多微小的不同定会产生一个公众的意愿，并总会做出正确的决定。但是，如果某个集体被一个个的团体和派别所取代，那么每个团体的意愿对它自己的成员而言就是公众的意愿，对于整个国家而言，就相当于个人的意愿。这样，就不再是有多少人就有多少意见了，而是有多少个团体就有多少的意见。后者的不同相对于前者要少，其结果中的公共意义也将减少。结果，当其中的一个团体强大到可以支配其他团体时，众多微小不同的集合体将不复存在，取而代之的是一个巨大的分裂的不同，在这种情况下是不会产生公众意愿的，居于主导地位的意见只代表个体意愿而不能代表众意。

因此，如果公众意愿被顺畅地表达了出来，那么国家中肯定不存

---

① 阿冉松侯爵说："每种利益都具有各自不同的原则。正是共同的敌人造就了两方利益间的和谐关系。"他还可能会说："所有利益的和谐关系产生于个体利益的对立面。"如果不存在不同的利益，人们将不会感觉到共同利益的存在，因为每个利益将不再受到任何事物的阻挠。所有事物都将自行发展，政治也不再是一门艺术了。

在不同的派别，每个公民能够按照自己的意愿做出决定①——这是莱库古的一项独特且卓绝的发明。但如果国家中存在不同派别，那么就要像梭伦、努马和塞尔维尤斯那样，明智地增加这些派别的数量，防止在他们中间出现力量不平等的现象。只有这些预防措施可以保证公众意愿能够永远指引人民的行为，避免人民犯错误。

第四章　主权权力的制约因素

如果国家或者城邦是法律意义上的人，它的生命来自人民所组成的整体，并且其最为关心的也是自己的生存，那么它便会用尽所有的力量和手段使每个部分的运行与发展都符合这个整体的利益。就像大自然给予了每个人支配自己四肢的力量，社会契约也给予了每个政治体对于各自成员的绝对支配权。正是这个受公共意愿指引的力量，如我前面所讲，承载着主权这个名字。

然而，我们不得不考虑那些构成了公共人格的个人，他们天生就

---

①　马基雅弗利说："分裂在某些情况下对国家是有害的，而在另外一些情况下是有利益的。阴谋与派系斗争会损害一个国家的利益，但是分裂所造成的每个派别内部的团结与统一对国家则是有利的。既然一个国家的创立者不可能杜绝敌对者的存在，那么他就该建立最为完善的制度以防止派系的出现。"（《佛罗伦萨史》，第7卷）

有自己独立的生命与自由。在这里，我们要清楚地区分公民的权力和主权国家①的权力，分清楚哪些是臣民作为公民应尽的责任，哪些是公民作为人天生就该享有的权力。

我们承认，每个人根据社会契约只让渡了与集体有关的那部分力量、财物与自由。但是还必须承认的是只有主权自身可以决定让渡的具体内容。

不管公民可以向国家提供什么样的服务，但只要主权对其有所要求，他便具有义不容辞的义务。但是另一方面，主权不会给臣民施加与国家无关的负担，它甚至不能够有这样的意图，因为在理性的法则下，恰如在自然法则之下一样，任何事物的产生都是有原因的。

我们与社会之间的承诺之所以具有责任性完全是因为这些承诺是相互的，其本质是一个人在执行这些承诺时，在带给别人利益的同时也为自己带来了利益。然而，如果没有那种将"每个人"这个词与自己联系在一起并在参与公共抉择时想到自己的人，那么公共意愿怎会总是保证公正，所有的人又怎会总是希望他们中的每个人都能获得幸福？这就证明了社会契约所承诺的权力平等与正义的理念来源于每个人对于自己的偏爱——这一人的天性；还证明了真正的公共意愿的意图和本质都应该是公众性的，应该来自于民并用之于民；当它被应用于特殊的并且受到限制的事物，并要对这些陌生的事物做出决定时，它就会失去其天然的公正性，因为我们对此缺乏能够指引我们行为的平等性原则。

事实上，每当要在之前没有形成任何公共协议的情况下，处理任

---

① 各位读者请注意，请别这么早就指责我前后矛盾。我由于语言能力有限，在用词方面不免会有前后矛盾的现象，但还是请等我把话说完吧。

何特殊的情况、权力或者事务时，人们就会在这些问题上产生争议。这是一场以私人利益为一方，公共利益为另一方的冲突。此时，我看不到任何可以处理这种情况的法律，也看不到能够对其进行仲裁的法官。如果寻求用公共意愿来解决该项争议，那将是十分荒谬的。因为最终结果将只会对争议双方中的一方有利，而这在另一方看来必将是一种有违公正的且片面的判决。失利一方定会认为公共意愿在此情况下极易做出不公正的决定，并犯下错误。因此，我们可以看出既然私人意愿不能代表公共意愿，那么公共意愿如果卷入了个人纷争之中便会改变它的性质。公共意愿本身对于社会的治理不能具体到某个人或者某件事。例如，当雅典人依据众多详细的并得到各行政部门公正执行的法令，任命或者罢免一位首领，奖赏或处罚某人时，雅典人已经失去了真正意义上的公众的意愿，不再是按照主权的方式而是以行政长官的方式对社会进行治理。所有这些似乎与大家普遍接受的观念不同，但是我会在以下的内容中对此进行说明。

由此，我们可以理解，公共意愿的公众性与其说来自于参与者的数量倒不如说来自于将他们联系在一起的公共利益——因为公共意愿是这样的一种制度：它使每个人所服从的条件必然与他加之于其他人的相同。这种利益之间的和谐美好关系与正义为社会思想赋予了平等的性质。但是公共意愿在涉及任何个人争议的解决时便会消失，因为在后者中没有一种公共利益能够联合并统一法官的决策准则与争执双方的准则。

不论我们从什么角度看，我们总会得到相同的结论：社会契约在公民中间确立了一种公平的制度，在其中，公民都必须遵守相同的条件，并享有共同的权力。这样，根据社会契约的性质，每个主权行为，也就是说，每个真正的公共意愿行为确立了每位公民平等的地位与利益，以至于主权只属于作为国体，并且对于其中的任何成员都一视同仁。

那么，什么才是正确的主权行为呢？它不是上级与下级之间的契约，而是由所有成员组成的整体的契约。它是合法的，因为它形成的基础是社会契约。它是公平的，因为它对于任何人都是一样的。它还是有益的，因为它只为公共的幸福谋利。它又是经得起考验的，因为它得到了军队与最高权力的保障。公民服从契约就等于服从个人的意志。要问主权权力和公民权力能够扩展到什么样的程度就等于在问两者的关系能够发展到怎样的程度，能否做到人人为我，我为人人。

由此，我们可以知道主权权力是绝对的、神圣的、不可侵犯的，不会也不能超越公众契约的范围。这样，每个人都可以做自己想做的事情并享受到这些契约带给他的益处和自由。为此，我们还可以得出以下结论：主权施加给任何一个臣民的负担都不可以大于其他人，一旦它给个人带来了痛苦，它就不再是一种称职的权力。

一旦承认这些区别后，很明显，这种社会契约确实会给个人带来损失的说法，就不正确了。事实上，正是因为社会契约，人们才会处于真正有利的生存环境之中，而这在以往的社会中是不可能实现的。这不是一种权力的割让，而是一项利益丰厚的交易，他们用不确定、动荡的生活换来了美好与安全的生活；他们用自然状态下独立的自由以及用来摧毁别人的力量换来了所有人的安全与幸福；他们用别人可以战胜的力量换来了受社会集体保障的任何人都不能征服的权力。他们在对国家服从的同时又总会得到国家的保护。甚至当他们冒着生命危险来保卫自己的祖国时，他们除了报偿从国家那里得到的益处外，还付出了什么吗？他们现在所做的事情，在更加危险的自然状态下，人们并不会经常去做。在自然状态下，每个人不可避免地会与他人处于战争状态，并冒着生命保卫他们生存所需的资料。可以肯定的是，所有的人现在至少不用为了生存而战斗，但是倘若国家需要他们的时候，他们将义不容辞地参与到战争中去。如果这种确定性被剥夺后，我们是否应该冒险去获得安全的保障呢，而这些风险只是我们在自然状态下所遇到的风险的一部分？

第五章　生与死的权力

有人会问："既然每个人不具有处置自己生命的权力，那么他又如何能够将他不具备的权力转让给主权国家呢？"这个问题之所以看似难以回答是因为它本身就存在着问题。每个人都有权冒着生命危险来延续自己的生命。难道能说一个在火灾中跳窗逃生的人犯有自杀罪吗？这条罪名对于一个早就知道会有风暴发生还要出海并为此丧失生命的人是否也适用呢？

社会契约的目的就是为了保证缔约各方的生存。一个想要达到某个目的的人一定会想到实现目标的手段以及运用这种手段必然所存在的风险和牺牲。任何人如果想要通过牺牲别人而保全自己，就必须要在必要的时候牺牲自己以保全他人。此时，一个人所要承担的危险已经不能由自己而必须由法律来加以决断。当君主对一个人说："你现在需要为了国家的利益而死"，那么这个人就应该去死，因为他之所以能够享有安全的生存环境完全是由于这个规则的作用，还因为他的生命已经不再是自然的恩赐，而是他从国家那里得到的一个附带条件的礼物。

判一个罪犯死刑也是一样的道理：为了避免使自己成为某件杀人案的受害者，某人就必须同意如果自己成了杀人犯，就会被处死。这并不是要将自己的生命交给社会契约，这样做的目的只是要保证社会契约的效力，我们当然不能想象哪个缔约人会希望自己被吊死。

另外，既然每个违法者都是在挑战社会法律的权威，那么他也会因为这种行为而成为国家的叛徒。从他违反法律的那一刻起，他就不再是国家的一员。这就等于是在向自己的国家开战。在此情况下，他的存在已经威胁到了国家的生存，总会有人为此而失去生命。当这个罪犯被处以死刑时，他与其说是一个公民不如说是一个敌人。对他的审判与判决是为了证明并宣布他已经破坏了社会契约，因此他也就不再是国家的一员了。即使他是因为自己的居住地在某国之内而接受成为该国的国民，他在违反社会契约的时候也必须遭到放逐或者作为公敌而被处以死刑：这个敌人不是假想出来的，而是实实在在存在的，所以根据战争权，他被处死也是合法的。

但是，有人会说惩罚罪犯是一种个别的行为。我同意这一点。因此，主权没有惩治罪犯的义务。它可以委托他人去执行，而不是自己去做。我所有的观点都是紧密相连的，但却需要慢慢道来。

不管在任何情况下，频繁地使用刑法都是政府无能与不负责任的表现。没有一个人会坏到无可救药的地步，他在改造后还是会对社会有所贡献的。没有人应该被处死，甚至只要他对社会不再构成任何威胁，就可以活下去。

至于法律中规定的并由法官所实施的宽恕或赦免权只能属于位于法官和法律之上的——主权。但是这项权力整体上并不明晰，因而必须只在极少的情况下才可使用。治理良好的国家较少使用刑罚，这不是因为国家使用了较多的赦免而是因为罪犯的数量较少。当国家开始衰败的时候，各种各样的犯罪使得罪犯能够不受惩罚。在罗马共和国统治时期，议员与执政官并未试图赦免罪犯；当时的人民也没有这样做，虽然有时他们会废除对他们自己的判决。不断的赦免预示着犯罪马上就不再需要任何赦免了。每个人都会看到它所产生的必然结果。然而，此时，我感到我的内心在窃窃私语使我难以继续写下去。让我们把这些问题的讨论留给那些公正的且从未犯错的人来解决吧，他们不需要任何的赦免。

第六章　论法律

我们通过社会契约将自己的生命与生存都交付给了政治体，接下来，就该制定法律使之运转与拥有自己的意志。这是因为最初人们联合并建立政治体的行为并不能决定今后该政治体将如何运行并发展自己。

事物的好坏与世界的秩序是由事物本身的性质所决定的，是独立于人们一切协议的。所有的正义都来自并只能来自上帝。假如我们知道如何去获取那取之不尽的源泉，那么政府和法律也就不再有存在的必要了。毫无疑问的是，普世的正义只能是理性的产物，但是如果要在人们之间实现这种正义，它就必须具有相互性。从人类的角度来说，自然状态下的正义法则缺乏制裁的力量，在人类中是无效的。事实上，这样的法则只对邪恶的势力有利，并不利于正义的实现。这是因为正义方往往会尊重别人，但是别人却不一定会依同样的方式来报答它。因此，人们就必须缔结契约，确立正确的法律，以将权力与义务结合起来，使正义在人类中间得以伸张。在自然状态下，一切都是公共的，如果我没有对某人做出过承诺，那么我对他就不负有任何责任；我承认别人对某些财务的所有权，只是因为这些财务对我没有任何用处。但是在公民国家中，这种情况将不复存在，所有的权力都由法律来规定。

那么，法律又是什么呢？如果我们仅从形而上学的角度给法律下定义，我们不管如何讨论都不可能真正地认识它。当我们已经知道自然法则的定义时，却仍然对国家的法则一无所知。

我在前面曾说过，公共意愿不可以与任何个别的事物发生关系。个别事物可以在国内也可以在国外。如果它处于国家之外，那么任何与它不同的意愿对它来说都不能算是公共意愿。如果它处于国家之内，那么它便是国家的一部分。这时，国家与这个事物之间便是整体与部分的关系，其中包含着两个分立的实体，一个便是上述的那个部分，而另外一个则是整体在减去该部分后剩余的那部分。但是，当整体减去个别事物后便不再是一个整体。只要这种关系继续存在那么整体就不存在，而只剩下两个不平等的部分。此时，其中一个部分的意愿对于另一部分来说都不能算是公共意愿。

但是，当全体人民为全体人民制定规则时，它所要面对的对象正是它自己。如果其中存在什么关系的话，那只是由不同的角度来看同一个整体时所形成的关系。在任何情况下，整体都不会发生分裂。这样，所有与规则制定相关的事物将与公共意愿的范围相一致。我将上述行为称为法律。

当我在说法律的统治总是具有公共性时，我的意思是法律从集体的角度去考虑所有的事物，并抽象地认识各种行为，而不会单独地考虑某个人或者某件具体的行为。因此，法律可以设置某些特权，但是却不能指定享有这些特权的人。法律也可以确立公民的等级，甚至可以具体化作为某个等级公民所应具备的条件，但是它却不能判定某个人具体该属于哪个等级。法律可以确立君主制政府以及世袭制的继承方式，但是它却不能选举一个国王或者选择皇室家庭——总之，立法者不具有处理个体案件的职能。

基于以上分析，我们立刻就会明白为什么人们不需要问"谁制定了法律"，因为法律是一种公共意愿的行为；不用问君主是否凌驾于法律之上，因为他也是国家的一部分；也不用问法律是否公正，因为没有人会对自己不公正的；还不用问我们怎样才能在享受自由的同时又不触犯法律，因为法律本身就已经记录下了我们所渴望得到的东西。

我们还会明白因为法律集人类意愿与立法领域的普遍性于一身，

所以任何基于个人权威所发出的命令都不能被称为法律；甚至主权自身对具体事务所做出的指令都只是法令而非法律，是政府行为而非主权行为。

我将任何依法而治的国家都称为"共和国"，而不管它实行的是什么样的政体。在那里，并且只有在那里，公共利益才会居于支配地位，并且只有在这个时候，公共事物才能变为现实。所有的合法政府都是共和国①，之后我将解释政府的含义。

法律正是公民国家得以存在的条件。一个臣服于法律的民族也必将是法律的创造者。确立社会准则的权力只属于那些构成了社会的人，但他们该如何实践这项权力呢？是通过共同的协议还是通过一时的灵感？政治体内是否有机构宣布它的意志？谁会具有制定法令所必备的远见卓识，并预先给法律的制定以建议呢？怎样才能让这些建议在最需要的时候提出呢？盲目的群众并不知道什么样的事物对自己才有利，以至于经常不知道自己真正需要的是什么，他们如何才能承担起像建设立法系统这样庞大且难以完成的任务呢？人们总是希望得到幸福，但是却总是不清楚什么才是真正的幸福。公共意愿总是公正的，但是指导正义的判断却并不总是明智的，它应该能够看到事物的本来面目或者有时应该被发现的内容；它必须不断寻求正确的道路，避免受到个人私欲的干扰；它还需有时空观念，在权衡眼前利益的同时要看到其长远的、隐含的负面影响。个人可能看到了幸福却又不要

---

① 这个词，我认为，并不是特指贵族制或者民主制，而是普遍意义上任何受公共意愿，也就是法律支配的政府。一个合法的政府必须不是与主权联合在一起的，而是只是一个为主权服务的机构。所以，即使是君主专制制度也可以是一个共和国。这将在第三卷中进行详细的论述。

它，而公众渴望得到幸福但却不会发现幸福，两者都同样需要指导。个人应该用理智来指引他们的意愿，而公众应该被教会怎样发现他们所期待的东西。公众理智可以实现社会认识与意愿的结合，使得社会各个部分都能和谐相处，将整体的力量发挥到极致。正是由于上述原因，立法者才有了存在的必要。

第七章　论立法者

如果我们要探索出最为适合国家的社会准则，就需要具备一种极高的智慧：它明了人类的各种感情但却又不会被其牵绊；它与人性没有任何联系，却又对其了如指掌；它的快乐独立于我们的快乐，但它对我们的快乐却十分地关注。它情愿为了长远的胜利而一直等待下去直到时机成熟的那一刻，辛勤耕耘放眼长远利益①。人类需要神明为其立法。

---

① 一个民族只有在自己的体制开始衰落的时候，才会有名气。我们不知道在斯巴达人为希腊其他城邦所谈论的时候，莱库古体制已经造福斯巴达人好几个世纪了。

卡利古拉①从经验的角度，柏拉图②在《政治家篇》③ 对话中从哲学的角度，运用同样的推理分别给公民和君主下了定义。但是如果伟大的君主极少出现这一说法是真的，那么一个伟大的立法者又会罕见到什么程度呢？一个君主只需要遵循立法者所确立的政治模式就行了：如果立法者是机器的设计师，那么君主就只是制造者和操作者。孟德斯鸠说过，在一个政治体诞生之初，是共和国的领导者塑造了国家的制度，但往后就该是制度塑造领导者了。

任何挑起了塑造一个民族性格重担的人都必须要准备去改变人类的本性，将一个个完整且独立的人转变为广大整体的一个部分，每个人，从某种意义上来说，由此获得了他的生活与生存方式。一个国家的创立者必须弱化人的素质以使其最终能够得到加强，将我们从自然中所获得的身体上的独立生存状态转换为一种富于道德的社会生存状态。总之，必须先剥夺一个人的自然权力，然后再赋予他一种外在的权力，而这种权力只有在别人帮助的情况下才可使用。人类的自然力量越是面临灭亡，他所获得的力量将越强、越持久，社会制度也就越强大与完美。如果每个公民在做任何事情时都需要与他人合作，并且

---

① 卡利古拉（公元12年~41年），为罗马帝国第三任皇帝。他被认为是罗马帝国早期的典型暴君，建立恐怖统治，神化王权，行事荒唐。由于他好大喜功，大肆兴建公共建筑、不断举行各式大型欢宴，帝国的财政急剧恶化。后来他企图以增加各项苛捐赋税来减缓财务危机，引起所有阶层的怨恨。公元41年，卡利古拉被近卫军大队长卡西乌斯·卡瑞亚刺杀身亡。——译注

② 柏拉图（公元前427年~前347年），古希腊哲学家，是西方哲学史上第一个将唯心主义哲学体系化的人。柏拉图和他的学生亚里士多德是古代、中古乃至近代一切哲学家中最有影响的人。代表作为《理想国》。——译注

③ 《政治家篇》是柏拉图后期的代表作品，主要探讨政治家的技艺问题，其中德性和谐思想的阐述为一大特色。——译注

集体的力量等于或者大于所有人自然力量的总和，那么我们就可以说立法水平已经达到了完美的地步。

立法者是在国家中各个方面都非常杰出的人。他的杰出不仅仅是因为他的天赋，还因为他的职位。这个职位既不是政府的也不是主权的，它为某个国家制定了制度，但却并不存在于这个制度之中。这种特殊的高级职能与凌驾于人民之上的帝国没有任何关系，因为直接管理人民的人是不能制定法律的，反之亦然。否则，法律一旦受到立法人个人情感的影响，那么立法者不公正的思想将在法律中延续，他的个人意见将不可避免地损害到他工作的神圣性。

当莱库古①决定给他的国家制定法律时，他放弃了国王的职能。绝大多数的希腊城邦也习惯于将制定他们法律的任务交给外国人来办。现代的意大利各个邦国也常常效仿这一习惯性做法。日内瓦共和国也是如此，并发现这种做法的效果很好。②罗马在它最辉煌的时期已经可以看出暴政罪恶在其境内的复兴，它也开始慢慢地接近毁灭，

---

① 莱库古：在古代的末期，斯巴达的宪法被认为是应该归功于一位名叫莱库古的立法者，据说莱库古在公元前885年颁布了他的法律。许多历史学家都相信莱库古对斯巴达进行了社会和军事的改革，从而改造了斯巴达的社会，其中最主要的一项改革被称为"大公约"。而有些学者则认为莱库古只是一个神话式的人物，最初本来是一个神。——译注

② 那些将加尔文只当作神学家的人并没有认识到他的才能还不止于此。他对我们的富有智慧的法令的编纂工作起了巨大的作用，这带给他的荣誉绝不亚于他的《基督教要义》一书。不管在我们的教会中会发生怎样的革命，只要对于国家和自由的热爱还长留在我们的心中，那么对于这个伟大人物的怀念与崇敬就会一直存在。

这只是因为它将立法权威与主权力量集合在了同一双手中的缘故。①

即使是古罗马的十大行政长官也从未宣称过只有他们的权威才能决定法律是否能够被通过。"我们向你们所提出的任何东西,"他们向人民说,"如果没有你们的允许,都不能成为法律。罗马人,自己就是法律的制定者,并用法律来保证自己的幸福。"

由此可见,设计法律的人并没有立法权,人民自己不能,甚至不能希望,将这项权力转手于他人。这是因为根据人类最为基本的社会契约,只有公共意愿才能限定个人的行为,并且即使个人意愿参与到了人民自由的投票选举之中,也不能就保证个人意愿是与公共意愿相符合的——我已经在前面说过了,但是在此仍有必要重复一次。

这样,我们就在立法者的工作中发现了两个看似矛盾的方面——这项任务虽然超越了人类的力量,高高在上,但是却不具有执行的权威。

这里,还有一个值得关注的问题。圣贤之人总是用他们自己的语言对平民百姓说话,而不用百姓们都能够听懂的语言。这是因为许多思想是不能用大众的语言进行表达的。过于概括的观点与久远的目标一样已经超出了普通人所能理解的范围。一些个人只关心自己的个人利益,对于政府的建设并没有任何兴趣,他很难欣赏一部好的法律中持续的严苛要求所能给他带来的利益。一个新生的民族如果要理解政

---

① 普里比亚士曾于公元前767年至公元前151年著有《罗马史》一书,其中叙述了罗马人在执政官、元老院、平民会议之间的权力分离与制衡问题,然而,罗马始终未形成一套完整的、独立的司法制度,而司法权与立法权、行政权也并没有严格区分。例如,在罗马早期元老院控制着司法权,罗马帝国建立以后,罗马皇帝曾将审判权授予罗马境内的一些行政官吏,而由皇帝保留上诉审判权。在帝政时期,罗马皇帝完全控制了审判权。——译注

治的原则并且遵循国家治理的基本规则，原本的因果关系必然发生倒置：原本是社会制度产物的社会精神反过来开始塑造社会制度；人类在法律产生之前，就已经成了在法律存在条件下的样子。在以上的情况下，立法者既不能通过强力也不能通过辩论的方式达到他的目的，而只能诉诸另一种秩序的权威，这种权威可以在没有暴力的情况下限定人民的行为，它不需要让人信服就可以说服他人。

这便是为什么历史上的开国者都要求助于神明的力量，将自己的智慧归因于上帝的恩赐。这样人们就会像服从自然法则一样去服从国家的法律，并发现人类和国家都是同一双手的杰作。人们就会自由地服从并顺从地承担起为公共福祉谋利的责任。

立法者将这种超越了普通人理解能力的崇高道理通过神明的嘴说出来，并借此制定法律，从而用神圣的权威来使那些不会为人类成熟思想所感化的人转而服从法律的意志。① 但是，这并不是说每个人都可以代上帝发言或者借假装能够解读神明的语言而树立自己的威信。立法者伟大的灵魂才是立法使命得以完成的真正奇迹所在。任何人都会雕刻石碑、贿赂神职人员、宣布自己与某个神明有着秘密的联系，或者训练鸟在自己的耳边像人一样低语，或者寻找其他的一些俗人的方式使自己能够凌驾于他人之上。这种人可能会纠集一群愚昧的人，但是他却不能建立起一个帝国，他必将与他的荒唐伎俩共同消失。没有价值的权威只能将人们一时地联合在一起，而只有智慧才能创造出

---

① "事实的真相是"，马基雅弗利写道，"在任何国家中都不存在一个杰出的不借助神性的立法者；否则，他的法律就不会被接受。一个聪明的人知道许多有用的真理，但是却无法通过一种能够说服别人的方式表达出来"。（《李维论》，第 1 卷，第 11 章）［原文为意大利文——原译者注］

持久的联系。希伯来人的法律现在依然存在，以实玛利孩子的法律统治半个世界达十个世纪之长，现在仍在彰显着当初创立者的伟大功绩。自大的哲学和盲目的宗派思想可能只把这些法律当作一时走运的骗子，但是伟大且有力的天才创造出的永世长存的法律制度却会受到真正的政治家的重视和崇敬。

即便如此，我们也不能由此便做出与华伯登一样的结论，认为宗教和政治对于人的作用是相同的。事实上，只有在国家初创时期，两者才可以成为彼此的利用工具。

第八章　论人民

就像一个建筑师在建造一座大型建筑之前总会首先考察并测试地表，看其是否能够承受建筑的重量一样，聪明的立法者在立法之初不会只满足于他所创立的法律本身是否优秀，而是事先考察法律所适用的人群是否支持他的法律。正是出于同样的原因，柏拉图拒绝为阿加狄亚人或者昔兰尼人制定法律，因为他知道富有的他们是不会接受平等的法律的。克里特便是一个好法律与坏人民的例子，米诺王曾经就想用法律来约束这些被邪恶所支配的臣民。

到目前为止，世界已经存在数以千计的显赫民族，他们并不遵守好的法律，甚至有些虽然一时接受了，但是法律在他们的悠长的历史中只存留了很短的一段时间。民族①，像人一样只在幼年的时期适合教育，随着年龄的增长，他们就不会再接受矫正了。一旦一种风俗被确立下来、偏见被固定下来后，改革就成为一件危险且徒劳的事业。一个民族甚至不能忍受别人为了根除缺点而触动到他们的缺点。这就像一个愚蠢又胆小的病人看到医生就要颤抖一样。

我并不否认一些痛苦经历会扰乱了人们的思考，使他们失去过去的记忆，而国家的动荡和革命对于民族的影响与个人受到心理震荡后的表现是相同的。然而，国家只有不忘记过去，在畏惧中回顾过去才能在内战结束之后重获新生，也就是说，从它的灰烬中升起，脱离死亡的怀抱重新获得青春的活力。这就是斯巴达人在莱库古时期的经历，而罗马人在塔尔干之后也有着的同样的经历，在现代社会，荷兰与瑞士在驱逐出暴君后也同样开始了新生。

但是这些并不是寻常事件，它们是由这些国家的特殊构造造成的。同一个民族经历的次数不会超过两次。虽然一个民族在未开化的时候可以自由地做出选择，但是当它的社会能量衰竭的时候它就无力再这样做下去了。动乱可能会毁了一个公民国家，革命也无法将其挽回，因为一旦联系断裂后，国家就会分解，不复存在。因此，人们所需要的是大师而不是解放者。自由的民族要谨记：自由是可以获得的，但却不会再次获得。

民族与人一样，只有到了成熟期后，才会适合接受法律的制约。但是要辨认出一个民族是否成熟却并非总是一件易事，而过早地实施

---

① 在 1782 年的版本中被改为了"大多数的民族"。——原译者注

法律又往往会导致法律的夭折。① 民族与民族之间也存在着差异：有些民族从一开始就适合接受法律的约束，而另外一些民族即使等上十个世纪也未必可以。俄国从未实现过有效的治理，因为俄国人过早地开始了这样的尝试。彼得大帝②是一个模仿的天才，但却不是一位真正的天才。真正的天才善于创造，能够创造出任何世界上从未有过的事物。他的一些改革是正确的，但是大部分的改革是错误的。他看到了俄罗斯人未开化的一面，但却并未看出他们尚未准备好接受政府的领导。他试图给他的臣民带来文明，但是此时他真正需要做的只是锻炼他的臣民。他试图将他的臣民变为德国人或者英国人而非俄罗斯人。他强迫他的臣民成为另外的人，改变了他们本来的发展轨迹。这就和一个法国教师教育孩子的方法一样，他虽然可以让这个孩子获得短暂的辉煌，但在孩子长大后却会一事无成。俄罗斯帝国企图征服欧洲，但是却发现自己被欧洲征服了。鞑靼作为它的附属国和邻居将成为它的主人——和我们的主人。在我看来这件事是在所难免的。所有欧洲的君主们也正一同努力使其能够早日到来。

---

① 在1782年的版本中，这句话被改为："青春时期并不是指孩童时期。对于民族来说，就像人一样，有一个青春阶段，或者你也可以称之为成熟期，在他们完全受法律约束之前，他们必须要达到这个阶段。"——原译者注

② 彼得大帝（1672~1725年），他在对当时的欧洲各国进行一番详细的考察后，在俄罗斯的政治、经济甚至文化领域进行了一场西方化的改革，以铁腕拉动俄国向着现代化的目标迈进。他制定的西方化政策是使俄国变成一个强国的主要因素。

第九章　论人民（续）

自然给一个正常人设定了身材的界限，超出这个范围的或者是巨人或者是侏儒。同理，最佳的国家设置也有一定的规模限制，如果国家过大就不能实现很好的管理，过小则不能够养活自己。政治体的实力都有一个不可逾越的最高界限，过度的扩张就会造成力量的缺乏。社会联系延伸得越长，它就会变得越松弛。一般说来，小国在比例上要比大国强大。

有上千种理由都可说明上述准则的正确性。首先，过于遥远的距离给政府的治理带来了更大的难度，就像把一个重物挂在一个长长的杠杆末端要比挂在其他地方要重得多。随着国家面积的扩展，政府加在人民身上的负担就会变得越沉重。这是因为人民在镇这一级要支付一个镇的行政费用，在地区一级又要支付地区的行政费用，每个省也是如此，这样一直到更高一级的政府，总督的辖地和总督，级别越高，花费也就越大，而这都要由不幸的平民来承担。最后便是那足以摧毁一切的位于顶峰的最高政府。随着这种行政费用一层层地被叠加起来，臣民将被消耗殆尽。这种等级秩序不但不能使他们得到更好的治理，反而使他们的生活比在一级政府的治理下要坏得多。

在国家的边远地带，政府在保障法律尊严方面的力度和反应速度不但会大大地削弱，同时，当地居民对他们素未谋面的执政官也没有太多的感情，对于他们来说，家乡就等于是他们的整个世界，他们对大多数的同胞都很陌生。国家很难以相同的法律来治理各个并不相同的省份，同样的政府形式也不能满足各省份不同的风俗习惯与气候类型的需要。在同一执政官管辖下的不同民族彼此间一直保持着往来，但却实行不同的法律，那么这必将导致误会和困惑的产生。不同民族的人杂居在一起并相互通婚，如果对不同的民族实行不同的政策，那么他们甚至就不会知道。将众多互不了解的人聚集在同一片土地上，并置于同一最高政府的管辖之下，技艺埋没人才，忽视道德的作用，使恶行得不到应有的惩罚。执政官要做的事情太多了，以至于他们并不能事事躬亲，而是他的下级官员在治理这个国家。中央采取各种必需的措施维护统一的权威。而许多的地方官员却对此阳奉阴违或大加利用，从而吸引了所有的政治注意力，人民的幸福得不到应有的关注。政治体的结构会因无法支撑如此大的规模而崩溃并走向灭亡。

第十章　论人民（续）

只有人类与土地之间的比例达到平衡时，人类的力量才能达到最大。过大的国土面积会给防卫带来负担，使得资源得不到有效开发，造成资源过剩。不久，这便会使该国陷入防卫性战争之中。但是，另一方面，如果国土面积过小，那么它便需要从它的邻国进口资源，受到邻国的牵制。不久，这便会成为该国发动侵略性战争的原因。任何徘徊在商业和战争选择之间的民族在本质上都是弱小的；它要依靠邻国才能生存下去，无法掌握自己的命运；它所能拥有的不过是一个短暂而不确定的存在。它或许能克服并结束这样的困境，或许被征服并就此消失。它只要通过控制自身领土的大小便可自由地保护自己。

　　人类不可能计算出土地面积与土地上居民的精确数字比率，因为不同的地方有着不同的特点，土地的肥沃性也有差异。同时，还因为不同国度中的国民的体制也会有所不同，一些生活在富饶土地上的国民消耗很少，而其他生活在贫瘠土地上的国民却消耗很大。我们还需要考虑女性生育能力的大小、土地的不同特征对人口是否有利、立法者在制定本国制度时对移民者的数量有何规定。由此可知，立法者不能以他现在所见为决定的依据，而需要以他所遇见到的情况为依据，计算的并非是现有的人口数量而是人口在未来会达到的数量。最后，在许多情况下，一些特殊的情况需要或者允许占有比看上去所需更多的土地量。在多山的国家，耕作的类型——林地和草原——所需劳动量较少，从经验来看，当地的妇女生育能力比生活在平原地区的妇女要强，当地山坡陡峭只留有少量平地可供种植蔬菜，人类的分布也较为稀疏。而海边的情况却正好相反。人聚集在一片狭小的地区生活，甚至可以在贫瘠的礁石和沙地上生存。捕鱼可以大大弥补他们在农产品生产上的不足，紧密地生活在一起可以更好地抵御海盗的侵犯，他们可以轻易地通过向海外移民来摆脱人口过剩的压力。

　　还有一个条件对于人类的制度非常重要，这是其他条件所不能取代的，如果没有这个条件其他条件都将无效：必须享有充分的和平。一个国家在形成阶段就像一个团的人在列队一样，是它抵抗力最弱的时候，极易受到伤害。国家即使在完全混乱的环境下也会比在形成时期更易于保卫自己，因为在形成时期每个人想到的都是自己的利益，而意识不到共同面临的困难。如果国家在这个关键的时刻遇到了战争、饥荒或者暴乱就必然会被推翻。

事实上，许多政府都是在动乱中产生的，但是，也正是政府摧毁了国家。篡位者总是选择在动乱时期、国内普遍恐慌的情况下发难，当人们失去热情的时候，公众将不再遵从于法律。区别立法者与暴君的最好方法便是看他选择在什么时候为人民确立国家制度。

那么，民族在什么时候适合接受法律呢？我的答案是：当民族发现自己已经被一些原初的联合体、利益或者协议捆绑在了一起，但是还未受到法律的约束时；一个民族尚未形成根深蒂固的习俗和迷信；当一个民族不畏惧突然的侵袭，不参与到邻国的矛盾之中，并能够抵挡得住任一邻国的干预或者能够得到一国的帮助来对付另外一国；其中的每个人都会被其他的人所知道；任何人都不需要承受他所承担不起的负担；一个民族可以不依靠其他民族独立存在，反之亦然；① 这个民族既不富裕也不贫穷，但可以自给自足；最后，它能在继承旧的

---

① 如果两个相邻的民族都离不开彼此，那么这种情况对于一方是不利的，而对于另一方则是危险的。任何明智的民族，在这种情况下，都会尽快摆脱这种依赖的局面。斯拉斯加拉共和国是被墨西哥帝国所包围着的国家，那里的人民宁愿不用盐也不愿意从墨西哥人那里买盐，甚至当墨西哥人将盐当作礼物送给他们的时候，他们也不予接受。这些聪明的斯拉斯加拉人看到了墨西哥人用慷慨设的一个隐形的圈套。他们保住了自己的自由；他们这个处于庞大帝国版图之内的小国最终成为导致帝国瓦解的一个重要因素。

民族凝聚力的同时具备一个新的民族良好的延展性。立法者的任务之所以如此困难，与其说是在于所要确立的倒不如说是所要摧毁的；成功的例子很少的原因是人们没有发现自然的单纯性与社会的各种需要是结合在一起的。的确，这一切条件很难整合在一起；这也就是为什么制度好的国家不易出现的原因。

在欧洲，仍然有一个国家适合接受法律的管理，那就是科西嘉岛。这个勇敢的民族所具有的勇猛与忠诚使它能够包围自己的自由，并且在智者的教导下学会怎样保存他们的自由。我有预感，这个小岛终有一天会使整个欧洲为之震惊。

第十一章　不同类型的法律体系

如果我们要问所有人的最大幸福在哪里——这也是任何法律系统的目标——我们就会发现与两个主要的因素有关，自由与平等：即自由，是因为任何个人的依附意味着国家力量的减少，而平等是因为它是自由不可缺少的存在条件。

我在前面已经解释了什么是公民自由。至于平等这个词不是用来暗示任何人的力量和财富都应该是相等的，而是指人类的力量不会演化到暴力的程度，并只服从于权威与法律。至于财富，没有任何公民可以富有得去购买过多的东西，也没有人贫穷得要出卖自己。这意味着大人物必须节制财富和势力，而小人物必须节制贪婪和欲望。①

这种平等只存在于理论的想象中，在现实生活中并不存在。但是如果滥用权力是不可避免的，我们是否应该至少控制一下它呢？正是因为环境的力量总是试图摧毁平等，法律的力量才应该总是要确保平等的存在。

然而，所有这些制度都具有的普遍目标应该要使自己适应某个国家的条件并适合当地人民的性格。考虑到以上因素，每个民族所需要确立的制度形式也许本身并不一定是最好的，但是对于某个国家来说却是最为适合的。例如，你们国家的土地是否贫瘠或者国土面积对于国民来说过于狭小？那么你们就应该发展制造业和手工业，用这些制成品来换回自身缺乏的自然资源。假如你们国家拥有富饶的土地和多产的山地，有大片的土地而人口却很稀少。那么就应该发展农业，增加人口，不要发展手工业，这样会将人口集中到城市中来，使农村地区的人口稀少。② 你们国家是否有广阔且便利的海岸线？那么就让船只充满大海吧，发展贸易和航海业，那么尽管一生短暂人们也能创造辉煌的业绩。大海是否在岸边冲刷着那无法让人靠近的岩石呢？那你就安心地做一个野蛮的渔人吧。你将享有更为安宁的生活，这或许更

---

① 想让国家保持连贯性吗？那就要使两个极端尽可能地靠拢；既不能有十分富有的人，也不能有乞丐；因为这两个天然不可分的等级对于公共利益具有同等的毁灭性；一方会产生暴政的朋友，而另一方则会产生暴君。总是这两个等级在对公众自由进行着交易：一个买进，另一个卖出。

② 阿冉松侯爵说过："任何对外贸易的部门，只会给王国带来一种总体上虚幻的利益；它可能会使一部分人，甚至是一些大的城镇富裕起来，但是，国家作为一个整体并没有得到什么好处，人民大众也是如此。"

好，一定会更加地快乐。总之，除了那些普遍的原则之外，每个民族都有理由按照自己的方式生存，实行只适合它自己的法律。正因为如此，古代的希伯来人和近代的阿拉伯人都以宗教为目标，雅典人以文艺，而迦太基人与梯尔人以商业，罗德岛以航海，斯巴达以战争而罗马则以道德。《论法的精神》的作者已经举出了许多例子来说明立法者以怎样的艺术指引国家制度向这样的目标发展。

国家制度之所以能够真正强大且持久是因为它遵守这样的规则：自然关系与法律能够完全实现和谐的共处，这样我们可以说，法律是要确保、跟随并矫正自然的事物。但是如果立法者弄错了他的目标，所建立的原则与环境要求不相符合，如果他的原则是奴役性质的或者是为了增加财富或者是为了和平，而环境却需要自由，希望增加人口并需要征服，那么法律就会毫不察觉地被削弱，制度将恶化，国家将继续遭受混乱直到它被毁灭或者改变自己，不可战胜的自然恢复它的统治。

第十二章　法律的种类

如果要使所有事物都秩序井然并制定出最佳的共和国形式，就必须考虑到各种关系。首先是整个政治体对其自身所起的作用，也就是，全体与全体的关系，主权与国家的关系。我们可以看到这种关系是由中间的项目构成的。

用以规范这种关系的法律被称为政治法律，也被称为根本法——这并不是没有道理的，如果法律是明智的话。如果在一个国家中只有一种规范的方法，人们就应该发现它并持续使用下去。但是如果这种秩序是不好的，我们为何还要将这种阻碍人们美好生活的法律当作基本法呢？另外，一个民族不管在任何情况下都可以自由修改自己的法律，即使这部法律是最佳的；如果它选择要伤害自己，又有谁能够阻止得了呢？

第二种关系是对政治体成员间的关系或者成员与整体的关系：他们之间的关系应该受到限制，而成员与整体的关系却是越广泛越好，这样每个公民在完全独立于其他公民的同时又过度地依赖国家——这个结果总可以用相同的方法获得，因为只有国家的力量可以实现它的成员的自由。正是由于第二种关系的存在，民法才得以诞生。

我们还可以考虑第三种关系，人与法律的关系，也就是罪与罚的关系。正是这种关系才使刑法得以产生，尽管刑法在根本上与其说是一种特别的法律，还不如说是对其他一切法律的裁定。

在这三种法律之后还要加上第四种法律，最为重要一种，它既没有被刻在大理石上也没有被刻在铜器上，而是刻在了公民的心上。这种法律构成了一个国家真正的宪法，它的力量会随着时间的推移而增长，当其他法律衰老或者消亡的时候，它依然充满活力或者干脆将它们取代。它可以保持一个民族的创造精神，而且可以不知不觉地以习惯的力量代替权威的力量。我指的是道德、风俗和信仰：这一特点并不为我们的政治理论家所熟知，但其他一切法律的成功都有赖于它。

它是任何伟大的立法者都秘密珍藏的一个特点，虽然他看上去只是在制定具体的法律条文，但这只是穹顶的拱架而已，他知道道德虽然发展得较为缓慢但却最终成为它不可动摇的拱心石。

在不同等级的法律之中，只有构成了政府形式的政治法才是我的主题所在。

第三卷

在谈论政府形式之前，我们先要确定一下政府这个词的含义，迄今为止，我们尚未对此进行详细的解释。

第一章　政府总论

　　我必须提醒读者仔细阅读本章内容，因为如果您不集中精神的话，我很难将这个问题解释清楚。

　　每个自然的行为都是由两个原因共同造成的。一个是道德——这种意志决定了行为的方向，另外一个是物质上的原因——它是一种将意志付诸实践的力量。当我要去某个地点的时候，首先，我要决定从哪条路去，然后，我的脚就会把我带到那里。当一个瘫痪的人想要跑起来而一个健康的人不想动的时候，他们都只会待在原地。政治体有相同的两个目标力量——我们也可以将它们分为意志与执行力。前者是立法的力量，后者是行政的力量。没有这两者的参与，政治体任何行为都不能或者不应该进行。

　　我们已经知道立法权属于并只能属于人民。然而，另一方面，从前面篇章的原理中，我们很容易就可以理解行政权不具有像立法或者主权的人民普遍性，因为法律的执行是一种特殊的行为，已经超出了法律的管辖范围，因而，也处于主权的关系范围之外。

　　公众的力量需要有自己的代理机构将自身的力量汇聚起来，并将公共意愿付诸行动，充当起国家与主权间沟通的桥梁。这个代理机构对于公共人格的意义就等于是将一个人的灵魂与身体结合在了一起一样。这就是国家为什么需要政府。人们总是让人不快地将政府与主权的含义混淆在一起，事实上，政府只是主权的执行者。

那么，政府又是什么呢？政府是臣民与主权之间实现沟通的媒介体，负责执行法律，保障社会与政治的自由。

组成行政体的成员被称为执政官或者国王，也就是统治者，他们统一被称为君主①。这样看来，否认人民接受领导者管理是一种契约行为的理论家就是完全正确的。因为这种行为只是一种委托关系，一种雇佣形式，在其中，执政者只是主权的官员，以主权的名义去执行主权所赋予它的权力，主权可以随意限制、修改或者收回这种权力，因为这种权力的转让是为社会共同体的本质所不容的，是与社会联合行为的目的相违背的。

因此，我称"政府"或者"最高行政"为行政权力的合法执行者，称"君主"或者"执政官"为执掌行政权力的人或者机构。

在政府中，我们可以发现这些中间力量之间的关系构成了所有人之间的关系以及主权与国家的关系。后一种关系可被视作两个端点之间不断变换的比率，而解决这一集合问题的手段就是政府。政府将主权给予它的秩序转交给了人民。如果国家要处于平衡之中，就必须权衡所有事物，并思索自身的所有产出和权力使其等于公民的产出与力量，而公民在一种意义上是主权者，在另一种意义上却是臣民。

此外，如果要改变这三项中的任何一项，就必须打破这三项之间的平衡。如果主权者试图进行统治，或者行政者试图立法，或者臣民

---

① 因此，在威尼斯，即使在大公不出席的情况下，人们仍将大议会称为是最受人尊敬的君主。

拒绝服从，那么秩序就要被混乱所取代，力量与意愿不再采取一致的行动，而解体中的国家要么沦为专制政府，要么陷入无政府的状态。最终，鉴于两个端点之间只有一种几何手段，对于任何国家都只存在一种好的政府。但是如果一个国家中发生一千件事后，可能就会改变这种关系，因此，不同的政府不但只能适合于不同民族中的一个民族，还要在不同的时期都要适合这个民族。

假设有一个国家是由一万个公民构成的，那么主权就是一个集体的概念，是一个整体。而作为臣民的每个成员则是一个个体的概念。这样，主权对于臣民而言就像是一万个人对一个人一样，也就是说每个国家成员自己只享有万分之一的主权权威，尽管他将自己的权力完全交给了主权。现在，如果人数增加到了十万人，臣民的地位也不会因此而发生变化，因为每个人与其他人同样地承担着支撑整个法律帝国的责任，只是他的投票权所占的份额降低到了十万分之一，这样他对法律的影响力就减少到了原来的十分之一。所以，臣民总是代表一个单独的个人，随着公民人数的改变，主权与臣民的比率便会增大。由此我们可以得出国民越多，自由就越少。

当我说比率增大的时候，我的意思是它离相等已经愈来愈远了。所以，这个比率在几何意义上越大，它所代表的普遍性就越小。因为在前者中比率考虑的是数量关系，商值决定了它的大小。而在后者中，比率所考虑的则是相等，所要判定的是相似性的大小。

个别意愿与公共意愿的比率，也就是人的道德与法律的比率越小，压制的力量就需要越大。因此，政府的力量只有随着人口的增长而增加才能成为一个好的政府。

国家的扩大意味着掌管公共权威的人所受到的诱惑将更多，并有更多的机会来滥用他的权力，因此，当政府需要更多的权力控制人民的时候，主权也要随之增强控制政府的力量。这里我所说的并不是一种绝对的权力与国家各个部分相关的权力。

这两个存在于主权、君主与人民之间的不断变换的比率绝对不是一种臆断，而是由政治体本质所决定的必然结论。进一步我们可以知道既然其中的一个端点，也就是作为臣民的人民，是由一个整体代表的，那么每当上述两个比率增大或者减小的时候，这个单比例也会随之增大或者减小，由此，中间项也发生变化。这表明，没有一个唯一且绝对的政府形式，但是国家有多少种规模，那么政府就有多少种形式。

可能有人会对这个体系不以为然，他会说要是按照我的观点，如果有人想要找出那种几何方法并建构整个政府体系，只需要求出人口数量的平方根就行了。那么我的回答是我在此只是将人口数量作为一个例子，我在上面提到的比率不仅仅是由人口数量来衡量的，而是由广泛的活动数量所决定的，这些活动是由无数原因共同作用的结果。还需要补充一点，尽管我为了让我的话更为简练一点，而采用了几何数学上的语言，但是我十分清楚集合上的精确性对于道德考量没有任何的作用。

政府是大型政治体（包括了政府在内）的小型化。它是一个被赋予了一定能力的虚拟人，既可像主权一样主动，又可像国家一样被动。它可以分解为一些相似的比率，结果，便可以形成一种新的比率。在每种比率中，我们可以依照执政官的等级来继续我们的分析直到我们找到了一个不可分割的中间项，也就是，唯一的首领或者最高执政官，它是这个模式的中心，是一系列分数和整数之间的那个

"一"。

为了去除这些复杂的名词给我们所带来的负担，我们可以将政府简单地理解为国家中的一个新生共同体，不同于人民与主权，是位于这两者之间的中间体。

国家与政府这两者之间存在着本质的差别：国家可以独立存在，而政府只有通过主权才能存在。因此，君主的意愿是或者必须是公共的意愿或者法律，他只不过是将公众的力量聚集在了自己的手中。一旦他决定依自己的权威行事，做出绝对、独立的行为时，这个联合体就开始变得松散。最后，如果君主具有了比主权更为积极的独特意愿，并利用自己手中的公共力量去实现自己的意愿，那么这将形成两个主权，一个是权力上的，而另一个则是事实上的，这时，社会的联合将会立刻消失，政治体随之解体。

即使这样，政府是一个有别于国家实体的真实存在，它的成员能够采取一致行动以实现人们之所以建立它的目的。如果政府这个实体要存在下去的话，它必须具有一个独特的自我，一种普遍存在于各成员之中的意识，以及生存的力量与意愿。这种独特的存在需要有大会、内阁会议、审议权与决定权、职衔与君主所专有的特权以及使执政官的辛苦与荣誉成正比例的特权。这种生存的困难在于要找到一种方法，从而能够在更大的整体之中命令隶属于自己的那个整体，从而在加强自身的情况下不削弱总体的建构，使它维持生存所需的自有力量总是区别于用以维持国家生存的公共力量。总之，这也就是说政府总要做好为人民牺牲的准备，而不是人民为政府而牺牲。

另外，尽管政府这个人造实体是另外一个人造实体的产物，并且即使它的生命是借来的，是附属于其他事物的，这也并非意味着它就没有或多或少的行动力量与速度，享有或多或少的健康。最终，即使它不会完全脱离人们建立它的目的，它也会因为构建方式的不同而不同程度地偏离这个目标。

正是所有的这些不同造就了政府与国家实体之间的各种各样的比率关系，这种偶然且独特的比率关系可以改变一个国家。除非政府能够调整与国家的关系以克服它所属政治体的缺陷，否则，一个本身很好的政府往往会变成一个最坏的政府。

第二章　不同政府形式的构成原则

在解释造成这些不同的一般原因之前，我们有必要在此区别君主与政府之间的不同，就像我在前面区别国家与主权一样。

执政者集团中的成员数量可多可少。我们已经发现当人民的数量越多的时候，主权与臣民之间的比率就越大。同理可推之，政府和执政者之间的关系也是这样的。

不管在什么时候，政府所有的力量都来自国家，这点是永远都不会改变的。从此我们可以得出政府耗费在政府成员上的力量越多，它用于全体人民的就越少。

因此，执政者的数量越多，政府就会越弱。鉴于这是一条基本的原则，我们有必要将它解释得更为清楚一点。

我们要区分执政者本人的三种不同基本意愿。第一种属于个人意愿，只谋求自己的利益。第二种是执政者的集体意愿，这只与君主的利益有关，也可以被称为团体意愿，对于政府来说它是普遍性的，而对于包括了政府在内的国家而言，它又是特殊的。第三种是人民的意愿或者主权意愿，这不论是对于国家这个整体还是这个整体的一部分政府来说都具有普遍性。

在一个完美的立法系统之中时是不存在个人或者特殊的意愿的，政府的团体意愿只能处于十分次要的地位，大众的意愿或者主权意愿将总是处于支配地位，是其他所有意愿的唯一规范者。

然而，在自然秩序中，则恰好相反。这些不同的意愿变得更为集中，因而比在社会秩序中更为活跃。这样，公共意愿将一直处于最弱的地位，团体意愿次之，而特殊的意愿则居于首要地位。以至于在政府中，每个成员首先是一个个人，然后才是一个执政官，最后才是一个公民。这种顺序与社会秩序的要求是正好相反的。

既然如此，我们可以假设政府只掌握在一个人的手中。这样，特殊意愿和团体意愿便融合在了一起，团体意愿也会因此达到最高的集中程度。此时，因为权力的运用则将取决于意愿的高低程度，又因为政府的绝对力量是不变的，所以最为活跃的政府便是只有一个人的政府。

另一方面，如果我们将政府和立法权威合为一体，君主成了主权，每个公民都成了执政者——那么团体意愿便与公共意愿融合在了一起，并像公共意愿一样不活跃，这样就只剩下特殊意愿来支配所有的权力。这样，政府掌握的绝对权力不变，其相对的力量和活动则降到了最低的水平。

这些比率是不可辩驳的，从其他方面考虑也可以证实这一点。举例说明，处于政府之中的每个执政者要比国家中的每个公民更为活跃，这点是显而易见的。因此，特殊意愿对于政府行为的影响力要比它之于主权要强得多。这是因为每个执政者都被授予了政府的不同的职能，然而公民却并未逐一地获得主权的任何职能。另外，国家越是扩张，它的实际力量就会越大，尽管这两者之间还没有形成一种比例关系。但是当国家的规模没有发生变化时，执政者数量的增多并不会给政府带来任何力量的真正增长，因为它的力量来自国家，而国家的力量并没有变化。从这一方面看，在政府的绝对或者实际力量没有可能增大的情况下，政府的相对力量或者活动就会减少。

还可以肯定的是，负责公共事务的人越多，公共事务的分配速度就会按照一定的比率放缓。巨大的政治体如果过于小心谨慎，就会失去许多好的机会。思索问题的时间愈长，思索所带来的成果就愈少。

我在前面谈到执政者的数量越多，政府的效率就会降低；人民数量越大，所需的压制力也就越多。从此可以得出，执政者与政府之间的比率和臣民与主权的比率正好是相反的，这也就是说国家越扩张，政府就越是应减少官员等级，使执政者数量减少与人民数量的增加达到一种比例。

需要补充的是，我在这里说的是政府的相对力量，而不是政府的行为素质。因为，反过来说，执政者的数量越庞大，他们的团体意愿就越接近公共意愿，然而，在只存在一个执政官的情况下，同样的团体意愿，像我之前所讲一样，就只是一种特殊的意愿。因此，一种情况所失去的正是另外一种情况所拥有的，立法者的艺术就在于如何才能找到政府的力量和意愿——这两个总是相反的比率——之间的交点，从而使国家的利益最大化。

第三章　政府的种类

在前面的章节中，我们知道了为什么要依照政府组成成员的数量来区分政府的不同种类或者形式，在这一章中，我们要知道这种分类是如何进行的。

首先，主权将政府置于全体人民或者人民的大多数的手中，这样的话，作为执政者的公民的数量就会大于普通的公民个人数量。这种政府形式被人们称为民主制。

另外一种是，主权使一小部分的人来掌控政府，这样，普通公民的数量将大于执政者的数量：这种形式的政府被称为贵族制。

然而，主权还可以将整个政府交到一执政者的手中，其他的所有权力都来自这一个人。第三种政府形式最为常见，人们称其为君主制或者王朝制。

需要注意的是所有这些形式，或者至少前两种形式可大可小，具有相当强的伸缩性。民主制可以包括所有的人，或者只局限于一半的人。贵族制可以适用于一半的人，或者能包含小得不能再小的数量。

即使是君主制政府在一定程度上也可以做到权力分享。根据斯巴达的宪法，国家可以存在两个国王。罗马帝国就曾经同时拥有八个皇帝，但却没人说这个帝国已经分裂了。由上可以看出，每种政府形式都有与下一个政府形式重叠的部分；可以肯定的是尽管政府只有三种名称，但是事实上，政府的形式变化可以跟这个国家的公民数量一样多。

另外，既然政府可以在特定的几个方面将自己分做若干部分，那么它的一个部分可以按照这种方式进行治理，另外一部分就可以按照另外的方式治理，三种政府形式组合在一起后，又会产生一批混合的政府形式，每种形式都可以从这三种基本的形式中演化出来。

几个世纪以来，人们一直在争论这个问题，"什么是政府？"但是人们却未曾发现每种可能的政府形式在某些情况下是最好的选择，而在其他情况下可能就是最坏的选择。

如果在每个国家中，最高执政者的数量与公民的数量呈反比，那么，一般情况下，民主制政府更为适合小国，贵族制政府适合中等国家，而君主制则适合大国。这条法则是从数学公理中直接得出的，但是我们也应该考虑到特殊的环境影响，这往往会促使例外事件的发生。

第四章　论民主制

有些人认为既然制定法律的人比任何人都清楚该如何执行和解读法律，那么这样看来将行政权与立法权结合在一起就会产生最好的国家制度了。但是事实上，这种结合下的政府形式在某些方面存在着缺陷，因为它将本该分开的事物结合在了一起，君主和主权成了同一个人，也就是说，一个不存在政府的政府。

立法者不应该执行法律，否则人民联合体的注意力就会从公共事务转移到特殊的事务上去。在公共事务领域中，再没有比个人利益的介入更为危险的事情，政府对法律权力的滥用也不及立法者为追求个人利益的腐败更为恶劣。当发生这种事情的时候，国家便在本质上开始腐败了，任何改革都是不可能的。一个从未滥用政府权力的民族就从未滥用过它的独立地位，一个总是很好管理自己的民族也就无须接受他人的管理。

严格意义上讲，世界上从未存在过真正的民主，今后也不会。让绝大多数人统治极少部分人是与自然秩序相违背的。很难想象所有的人会永远都坐在一起讨论公共事务。人们很容易就会发现除非改变这种行政模式，否则很难委派各种行政任务。

当政府的职能由不同的部门来掌管的时候，人数最少的部门必将拥有最大的权威，这是任何方便的任务分配方式必然的发展趋势。

关于政府的民主形式，首先，一个十分小的国家，该国的人民很容易就可以召开集会并且对其他人的情况也非常了解。其次，会议方式与道德要求十分简洁，避免负担过重或者争执的发生。第三，社会等级和财富能够实现最大程度上的平等，否则，权力与权威的平等将不能持久。最后，国家小或者国民不奢侈。因为奢侈或者是富有的产物，或者使得富有成了一种必需。它腐化了富人的同时也腐化了穷人，将整个国家出卖给了虚弱和虚荣。它使一些人沦为另外一些人的奴隶，让所有的人成了别人看法的奴隶，并借此来占有这个国家所有的公民。

这便是为什么一位著名的作家将美德列为一个共和国首要原则的原因，因为离开了美德，我前面所提到的所有条件都不可能实现。但是这个伟大的天才却没能对事物做出必要的区分，常常犯错误且有时对事物认识不够清晰，没有看出既然主权权威在任何地方都是一样的，那么一些相同的原则在每个拥有良好体制的国家中都应该占有一席之地，尽管它们的影响力一定会因政府形式的不同而产生或大或小的差异。

还需要补充的是，没有一个政府会像民主政府或者人民的政府那样容易发生内战或者内部冲突，因为没有一个政府可以保持如此有力且持久的形式转变趋势，或者一直拥有维持某种政府形式的警觉性和勇气。在民主制度下，公民必须花费很大的精力，保持高度的忠诚，在他生命中的每一天都从心底里重复着道德高尚的侯爵[1]在波兰会议

———————

① 波兹南侯爵，即波兰公爵的父亲、洛林公爵。

上所说的话："我愿自由而有危险，但不愿安宁并受奴役。"①

如果世界上存在神的国度的话，那么他们就可以用民主制来管理自己。这种政府如此完美以至于已经不适合于人类了。

第五章　论贵族制

至此，我们便拥有了两个迥异的具有思想精神的人，政府与主权，并因此具有了两种公共意愿，一种是针对全体公民而言的，另外一种则仅仅是针对执政者团体成员。这样，尽管政府可能随意制定其内部的政策，但是它除了以主权——也就是人民自身——的名义之外，无权命令人民去做任何事情，我们必须牢记这点。

最初的社会按照贵族的方式来进行治理。所有家庭的家长聚在一起商议公共事务。年轻人要毫无疑问地服从经验权威，而他们的名字是牧师、年长者、参议员和长官。现在北美的野蛮人甚至还在使用这种治理方式，他们的政府受到了人们的尊敬。

但是，当由社会制度所产生的不平等到达了一定程度，并开始取代自然状态的不平等状态的主导地位时，财富或者权力②取代了年龄，

---

① 危险的自由还是要好过奴隶的和平。

② 显然，古代的人所使用的"贵族"这一词并不是它最好的意思，而应是最强者的意思。

贵族的标准也就放宽了。最后，父亲将他的权力和财富传给了他的孩子们，从而使整个家族世代延续贵族的头衔，政府也就转变成了世袭制。由此，便出现了二十岁的参议员。

由此，便产生了三种贵族制，分别为自然贵族制、可选择贵族制与世袭贵族制。第一种只适合原始民族；第三种是所有政府中最为糟糕的一种；第二种则为最佳，体现了贵族制的真正含义。

贵族制不但能够很好地将主权和政府区分开来，在选择执政官方面也具有相当的优势。在大众政府中，所有的公民生来就是执政者，而在贵族政府中，执政者的数量却被缩减到了一个很小的数量范围内，每个执政官都必须通过选举产生①，这样可以用诚实、智慧、经验和其他所有受到公众爱戴和尊敬的特质来成就一个英明的政府。

另外，这种体制更易于集会的召开，人们可以对公共事务进行更为顺利的协商，有秩序地分配各项事务并认真执行。令人尊敬的参议员比名不见经传且受人轻视的大众更能维护外国人眼中的国家信誉。

总之，让最明智的人来管理大众是最佳的也是最为合适的，当然如果我们确定他们这样做是为了公众的而非自身的利益。我们不应该增加毫无用处的设置或者让两万人去做选出的一百个人就可以做得更好的事情。但是，必须注意的是团体利益也就由此产生，它并不会严格地按照公众意愿来指引国家的行为，一部分行政权力会不可避免地要逃脱法律的制约。

----

① 让法律来规范执政官的选举过程是至关重要的，因为如果这项权力留给君主的意愿来支配，那该制度就会堕落为等级制的贵族制，就像发生在威尼斯共和国和伯尔尼共和国中的情况一样。第一个国家早就已经陷入了腐化之中，而另外一个国家则只有靠着元老院的极高智慧才得以维持下去—— 一个十分值得尊敬，同时对于国家治理来说又是十分危险的例外。

若要具备这种政府形式，并非一定要国家足够小或者人民十分淳朴与正直从而使得法律能够直接遵从公众的意愿，就如同建立好的民主制度所要求的那样。国家也没有必要十分庞大，因为这样执政官便会广泛地散布看来，从而不得不在自己的管辖范围内承担起一部分主权的权力；结果他们就可以获得独立，最终成为主人。

但是如果贵族制所需要的美德比大众政府要少得多的话，那么它仍然需要自己的美德，例如富人要节制，而穷人则要学会满足，因为严格意义上的平等是不存在的，甚至在斯巴达也是这样。

另外，如果这种政府形式允许一定财富不均的存在，这只是因为公共事务的管理需要交付给那些能够很好地付出他们所有时间的人，而不像亚里士多德所言，富人总是被挑选出来的。另一方面，不时发生一些反面事例也是必要，它可以教育人们对美德的偏爱比富有更为重要。

第六章　论君主制

目前，我们将君主视为由法律力量结合在一起的集体的人为人格，国家行政权力的代理人。以下我们要考虑的这种力量掌握在一个自然人的手中，是一个真正的人，唯一有权按照法律执行行政权力。

这样的人就是君主或者国王。

与其他行政者不同的是，君主制是以个人代表集体而非以集体代表个人。君主是一个精神整体的同时，又是一个物质上的整体。君主制的这些属性由法律自然地结合在了一起，而这在其他的政府形式中是很难实现的。

这样，人民的意愿与君主的意愿、国家的公共力量与政府的个别力量都由共同的力量来驱动；这种机器的所有部件都掌握在一个人的手中。所有的行为都是为了同一个结果，各方之间不会产生相互牵制的斗争。我们很难想象一种体制可以用较少的努力来实现更大的效果。阿基米德①安详地坐在沙滩上，不费任何力气，就可以发动一艘巨轮。一个技术熟练的君主也是这样来治理他的国家的，他坐在暖阁中不需作任何行动就能决胜于千里之外。

但是，如果君主制政府比其他政府更有活力，那么也就是说，没有任何别的政府，其个别意愿具有更大的势力而且更容易统治其他的意愿了。所有的事物都在朝着同样的方向努力，但是，事实却是这个方向并不是为了公共的幸福，行政的力量会不断地削弱国家的力量。

国王总想拥有绝对的权威，但是人们遥遥地告诉他们拥有绝对权威的最佳办法就是让自己受到人民的爱戴。这是一条很好的法则，并且甚至在某些方面也是非常正确的。不幸的是这条法则在朝堂中却总会遭到嘲笑。这种建立在人民爱戴基础上的权力无疑是最为强大的，

---

① 阿基米德（Archimedes，约公元前287年～前212年），古希腊物理学家、数学家，诞生在西西里岛的叙拉古。此处讲的是阿基米德利用杠杆原理将一艘举全国之力都不能移动的巨轮运入水中的故事。他曾经说过"给我一个支点，我就能撑起地球"。——译注

但是它却具有不稳定性和偶然性，满足不了君主的要求。最好的国王如果喜欢的话，也会想要做坏事的同时又不妨碍自己做主子。一个政治布道者可能会告诉国王，人民的力量就是国王的力量，一个国王的最佳利益莫过于人民能够繁荣、富有并具有强大力量，但是国王们也知道事实并非如此。他们的个人利益主要是要人民弱小、贫困从而不能反抗他的统治。我承认，如果人民总是能够完全地服从国王的统治，那么人民的强大对于国王是有利的，这样人民的力量也就是国王的力量，使邻国都畏惧他的力量。但是，既然这种利益只是居于次要地位，并且因为力量与服从之间是互不相容的，因此君主自然总是喜欢对他更为有利的规则。这是撒母耳向希伯来人所强调的，也是马基雅弗利已经清楚证明的——他给国王讲课是虚，教导人民才是真。马基雅弗利的《君主论》可以作为共和党的教科书。①

在对一般性比率进行讨论时，我们已经发现君主制只适合于大国，如果我们从君主制本身来考虑的话也是如此。公共行政人员越多，君主与臣民之间的比率就会越小直至接近平等，成为一比一或者实现在民主制中的平等。这个比率随着政府的收缩而增大，并在政府掌握在一个人手中时达到最大值。这样，君主和人民之间的距离就会被拉得过大，国家就会缺乏凝聚力。要想形成这种凝聚力，就必须要有中间阶层的出现，这包括王子、贵族和大臣等。但是，所有这些并

---

① 马基雅弗利是一位绅士和好公民；但是由于依附于梅狄奇家族，在他的国家处于压迫之中的时候，他不得不掩盖自己对自由的热爱。他选择一个受人憎恶的主人公这件事本身就证明了他秘密的意图。在他的著作《君主论》中的原则与在《李维论》《佛罗伦萨史》中的原则是自相矛盾的，从而说明了这个深邃的政治思想家至今所拥有的读者只是一些肤浅且腐化的人。罗马宫廷曾经严格禁止过这本书。我相信这是因为他所细致刻画出来的宫廷正是罗马宫廷的化身。

不适用于小国，因为这些效果会被如此多的社会规则毁坏。

但是，如果说要治理好一个大国很难的话，那么一个人要治理好这个国家就更难；每个人都知道当国王将国家通过他的代理人来治理这个国家时会发生什么样的事情。

造成君主制政府不及共和制政府的一个原因来自君主制的一个本质且必然的缺陷：在共和制的政府中公众总会选择有才干的人，这些人也会光荣地履行自己的职责。而君主制所选择出的官员却几乎都是头脑愚笨的人，卑鄙的骗子和阴谋家，这些人可能在朝廷中平步青云但是一旦他们被选出就会向公众暴露出他们的不称职。人民在这方面比君主所犯的错误会少得多，一个真正有才能的人在君主制内阁出现的几率和一个愚蠢的人成为共和制政府首脑的几率一样地少。这样，也会有幸运的情况发生，那就是当一个生来就具有统治者天分的人开始执掌一个被一群异乎寻常糟糕的官员弄得破败不堪的国家时，每个人就会为自己遇见了这样的明君而惊喜不已，而这位君主便在历史上开创了一个时代。

如果要治理好一个王国，它的大小需要和执政者的才能相匹配。建国容易，治国难。只要有足够的杠杆，一个指头就可以反转整个世界，然而要支持这个世界，却需要大力士赫拉克勒斯①的肩膀。不管国家多么的小，君主几乎总是不称职的。另一方面，即使一国的国土对于他的统治者来说过于小了——这是非常罕见的——他还治理不好国家，甚至更坏，因为这个统治者虽然具有宽广的视野，但却忘记了人民的利益，他滥用自己的超凡能力给人民带来的苦难并不亚于一个

——————————

① 赫拉克勒斯是罗马神话中的大力士，神勇无比，完成了十二项英雄伟绩，被升为武仙座。——译注

能力不足的平庸君主。一个王国似乎是会因统治它的君主能力的大小而扩大或者缩小。但是，另一方面，在民主制国家中，元老院的才能更容易维持在一个固定的水平，国家也能在固定的疆界中得到好的治理。

由一个人掌管政府的一个最显而易见的劣势就是缺乏其他两种政府体系所拥有的连续的继承性，这种属性可以确保统一的纽带不被打断。当一位国王去世之后，便需要选举出另外的一个国王，而这便会产生一个暴风雨般危险的间隙。除非这种政府中的公民比一般的情况下要更加不为利益所动且更加的忠诚，否则就会产生贿赂和腐败。国家在被出卖给一个人后，很难说它不会被这个人再次出卖，以捞回强者从它那里压榨来的黄金。在这样的政府中，一切事物都可以成为金钱交易。国王统治下的和平较之间隙时间的动乱更为糟糕。

怎样才能防止这种弊病的发生呢？王位在某个家族中代代相传，继承秩序被确立了下来以防在国王死后发生争夺——也就是说，人们以摄政的缺陷来代替选举的缺陷，更偏爱表面的和平而非明智的政府，宁愿冒着选择孩子、魔鬼或者愚人当统治者的风险而不愿意为了选择一个好的国王而发生纠纷。人民没有意识到因这些选择所带来的危险，他们已经失去了一切成功的机会。在狄奥尼西奥斯年轻的时候，他的父亲曾经为了他可耻的行为责备他道："难道是我给你做出了这样的榜样吗？""啊，"儿子狡猾地回答道，"您的父亲不是国王。"

当一个人从小就被培养怎样去命令别人时，所有的事物都会使他丧失正义感与理智。我们知道要教会一个年轻君主统治的艺术要付出巨大的代价，但是看来这并没有给他们带来任何益处。更好的办法是要教会他们服从的艺术。历史上最为伟大的国王们并非来自于那些从小就接受统治教育的人，这是因为统治是一门科学，练得越多掌握得越差。服从的人要比发号施令的人学得要好。[①]

政府缺乏连续性的一个后果便是皇室政权的不稳定性。政府有时执行这个计划，有时又执行另外的一个计划，这取决于当时统治者的个人特征，或者那些代他统治的人们，因而，缺乏固定的目标或连贯的政策；这种不确定性让国家从一种原则转为另外一种原则，从一个方案转向另一个方案，在其他的政府形式中不存在这种情况，而在君主制政府中却总是如此。这样，我们就可以看出，一般情况下，在皇家的朝廷中钩心斗角越多，那么在共和制议院所拥有的智慧就越多，共和国具有更为稳定和有效的指引方向——那种行政体系发生革命就意味着国家革命的国家是不具有上述特点的——这条规则适用于所有的大臣，并且几乎所有的国王都会改变前任的政策。

缺乏连贯性的政府给大多数保皇派政治思想家以诡辩的口实，也就是，不仅将公民政府比作家庭中的政府，将君主比作一家之主——一个我之前已经反驳过的谬论——而且还赋予一个统治者他所需的所有美德，将君主完美化。在这些假设的帮助下，皇室政府便明显地要优越于其他的政府形式，因为它无可置疑地成了最强大的，只需要让团体意愿更好地与公众意愿相处就可成为最佳的政府形式。

但是，如果依柏拉图所言，一个有天赋的国王是十分罕见的——大自然与命运什么时候才会交汇在一起拥立出这样的一个人来当国王

---

① 分清好坏的一个最佳也是最快的方法是要考虑如果某人而非你自己当上了国王，你最希望发生的事情是什么。此文原为拉丁文，为罗马皇帝戈尔巴的演说词，见塔西佗《历史》第1卷。

呢？如果皇室教育必然会腐蚀那些接受这些教育的人，那么我们对那些一个个被授以统治技巧的国王又有什么好期待的呢？

故意混淆皇室政府与一个好国王的政府是一种自欺欺人的行为。如果想了解这种政府形式的真实情况，就必须考虑在能力平庸或者邪恶君主时期的状况，这样的君主在他们登上王位之时便是如此，或者王位所带来的东西使他们变成这样的。

尽管我们的作者们清楚这些困难的存在，但是他们却从来不为此感到为难。他们说，弥补的办法就是要毫无怨言地接受。神在愤怒的时候便会派一个坏的国王来统治我们，因此人民必须将之视为神圣的惩罚来忍受。这种论点非常具有启发性，但我认为这更适合于教堂的布道而不适于一本政治理论书籍。对于一个承诺会创造奇迹，而最终只会教病人如何忍受病痛的医生又有什么用呢？

我们都知道当政府变坏时，我们不得不去忍受，但问题是如何去寻找一个好的政府。

第七章　混合形式政府

严格地说，任何政府都不会只采用一种形式。一个国家的唯一首脑必须有附属于他的执政官；一个人民的政府也必须有首脑。这样，在行政权力划分的过程中，总会存在一个由大变小的渐变过程——不同的是，有时候是多数人依靠少数人，有时候是少数人依靠多数人。

但有时行政权力却可以进行平等地划分，就像英国的政府各组成部分相互依赖的时候，或者当各部分虽然具有各自独立的权威，但却不完整的时候，就如同波兰政府一样。后面的这种形式不好，因为政府并非统一的整体，国家缺乏统一的纽带。什么样的形式才是更好的：政府的单一形式或者复合形式？这是政治理论家不断地讨论的问题，在我给出答案之前，我必须先对所有的政府形式进行介绍。

政府的单一形式本身是最好的，而这又正是因为它的单一性。但是当行政权力不能完全依附于立法权力时——也就是说，当君主对于主权的比率远大于人民对于君主的比率——比率的不足，只能用分解政府来补偿，那时政府所有各不相同的部分对于臣民的权威就会降低，但是他们的分离使他们相对于主权的权力降低了。

可以通过建立脱离政府的中间官员阶层的方式，以平衡并维护这两种权力，从而克服这个缺陷。此时，政府不是混合的而是节制的。

这个缺陷的反面也可以通过相似的方式进行补救。当政府结构松散时可以建立一些机构来增强它的集中性。在第一个例子中，政府被分开以减弱它的力量，而在第二个例子中，则是为了加强它的力量。这便是所有民主制政体的实践。在单一的政府形式里，他们的优点和缺点数量的最大值是相等的，然而混合制的政府却具有适中的力量。

第八章　所有的政府形式
不适于每一个国家

并非所有的国度都能孕育出自由的果实，并非所有人民都能够拥有它。我们愈思考这项由孟德斯鸠所提出的原则，便会从其中发现愈多的真理。① 愈多的挑战使它得到了更多的证明自身合理性的机会。

---

① 卢梭在本章的论述中与孟德斯鸠在《论法的精神》中的观点十分相似。孟德斯鸠从具体国家和社会、自然的综合状况和条件来解释法律和政治制度。他就曾经论述过法律与气候、土壤的关系。他对于地理环境与政治制度关系的论述可谓是不厌其详。他认为人们在寒冷的气候下有较充沛的精力，心脏的跳动力量和纤维末端的反应都较强，分泌比较均衡，因此人们有比较强的自信和勇气，也较少复仇的愿望，较少猜疑、谋略和诡计；而在炎热的气候下则结果正好相反，人们像老头子一样怯弱。在这种情况下，要让人民劳动就必须实行强制和惩罚，因而最为适合暴君制，并且制定较多的法律来维护秩序。欧洲大部分国家因处在寒带，故建立了较多的君主专制政体，法律制定得少而且温和；亚洲的许多国家处在热带，故建立了较多君主专制政体，法律也比较繁杂而残酷。另一方面，肥沃的土壤、平坦的地势使人们缺乏毅力，眷恋生命，不易防守，因而容易向强者屈服，一经屈服，自由的精神便一去不复返了。在此条件下最适合建立专制制度，设立宰相来管理国家，此乃最基本的法律内容。而多山的地方则土壤贫瘠，人们艰苦勇敢，地势险要，也容易防御，因而不那么容易被征服，保存着比较宽和的政体和较大的自由；其基本的法律内容是规定投票权力和方式、人民立法权等。（见顾肃《西方政治法律思想史》）卢梭在本章的论述与孟德斯鸠的观点十分相似，都将气候条件和地理环境作为政治制度和法律的决定因素之一，他们没有看到在这些纷繁复杂的现象背后，生产力才是一切社会制度的决定因素，而气候、地理环境和地区的风俗习惯只属于事物的特殊性，而不能替代所有历史发展的一般性规律，即普遍性，他们将事物的两种属性给颠倒了过来。尽管如此，他们对社会发展规律的客观性探索，不附庸当时主流思潮的研究精神仍然是值得赞赏的。

目前，在所有的政府中，公家只消费而不产出。那么这些消费品又是从何而来呢？来自其他成员的劳动所得。公家的所需来自个人的剩余劳动所得。只有当人类劳动产出超出了他们的生活所需的时候，政府机构才能够存在下去。

这部分剩余劳动的数量在不同的国家是不一样的。在一些国家中，数量相当可观，一些国家，数量一般，而在另外一些国家中则为零，在某些国家中甚至还可能为负数。这种劳动产出与政府存在的关系取决于气候的好坏、土地所需劳动种类、物产属性、当地居民的能力、他们生活必需品的多少以及促使此种关系得以产生的其他因素。

另一方面，并非所有政府的性质都是相同的：一些政府的掠夺性比其他政府而言要弱，这种区别是建立在第二条原则之上的。人民对政府的支出被返还得愈慢则由此所产生的问题就愈多。问题不仅仅在于税赋数量的多少，还在于政府将税赋返还给人民的方式。如果这种循环过程能够快速且有效地进行，则无论人民的支出是多还是少都不产生什么问题；人民生活富足，财政充裕。相反，如果人民的支出持续得不到返还，则不管税赋有多么轻微，它都将很快干涸：于是，国家将永远不会富裕，而人民也将一直过着贫穷的生活。

由此可见，人民与政府的关系愈远，则税赋愈沉重。因此，人民的负担，在民主体制中，最轻；在贵族制中，变得沉重许多；而在君主制中，则最为沉重。因而，君主制只适宜于富裕的国家；贵族制则适用于中等大小且富裕程度一般的国家；民主制则适于版图较小且贫困的国家。

事实上，如果我们多加思考，我们就会发现自由国家和君主制国家的不同：在前者中，一切事情都是为了公众的利益；而在后者，公众的力量和个人的力量是互为消长的，若其中一方的力量增加，则另一方的力量就会减弱；最终，专制政权不但未给人民带来幸福，还使人民的生活日益悲惨，并以此来维护自身的统治。

由此我们可以发现在任何气候中，自然因素决定了政府的形式，甚至还决定了当地居民的类型。

在贫瘠且不适宜居住的土地上，人类的劳动得不到应有的回报，这样的地方不值得人们在其上进行耕耘，应该放弃，或者只适合原始人居住。而在人类的劳动仅能换来勉强维持其生存的土地上，则应该居住野蛮人：在这样的地方，一切政治都是不可能的。而能够给人们带来适中的剩余劳动产品的土地则适合自由人居住；在物产丰富且富饶的土地上，人类少量的劳动就可换来大量的劳动成果，这样的地方适宜建立君主制的政府，以便君主的奢侈生活能够消耗掉臣民的额外劳动剩余：因为这种剩余由政府来吸收要比由个人浪费掉要好得多。我知道会有例外情况的存在；但恰是这些例外将最终证明上述规律的正确性，因为这些国家迟早都将爆发革命以恢复至上述自然秩序。

我们需要永远将一般规律与个别原因区别开来，个别原因只会影响一般规律，而不能决定它。如果所有的南部地区都是共和制的国家，而所有的北部地区都是专制国家，那么上述规律依然正确，依照气候理论，专制制度适合气候炎热的国家，野蛮的制度适合气候寒冷的国家，而优秀的政治体制则只会在气候温和的地域存在。我也认识到虽然这个观点得到了人们的认可，在其具体应用方面依然存在着争议。也许有人会说寒冷的国家亦可以十分地富饶，而热带国家却也可以十分贫瘠。但是只有那些不全面考虑问题的人才会产生这样的困惑。我们必须，正如我已经提到的那样，还要考虑劳动、力量、消费等因素。

以两块面积大小相同的土地为例，一块土地的产量为五，而另外一块土地的产量为十，我认为没有人会将寒冷的国度与炎热国度的肥沃程度相提并论。但是，若我们假设两者相等，例如，英国与西西里、波兰与埃及的肥沃程度相等，如果再往南移就是非洲和印度，往北去就什么都没有了，那么怎样的农业技术差异才能使它们的物产量相等？在西西里只要轻刮土地就可以收获，而在英国却需要付出大量的劳动。但是，如果在某国需要增加人手才可能达到与他国相同的物产量，那么它的劳动剩余量一定小于他国。

请注意另外一点，相同数量的人在炎热国家中的消耗量较少。在这样的气候中，人们必须节制才能保持健康——试图按照自己在家乡的方式生活的欧洲人会死于痢疾或者胃紊乱。沙尔丹说道："我们和亚洲人比起来就像是肉食动物，像狼。一些人将波斯人的节制归因于他们的国家不太适宜耕作。但是，另一方面，我却认为他们国家之所以物产不丰富是因为那里的居民需要的物产量也较少。如果他们节俭（他接着说）是土地贫瘠的后果，只有穷人才会吃得少，然而，事实是每个人都是如此，人们发现这个国家的任何地方都一样的节俭，而非每个省的人会因土地肥沃程度的不同而吃得多或者少。他们对自己的生活方式感到自豪，称只要看看他们的气色就可以知道他们的生活方式与其他国家相比要高明许多。事实上，波斯人的面色干净，皮肤美丽，细嫩，光滑。而附属于他们的亚美尼亚人则按照欧洲人的方式生活，因此，他们皮肤粗糙，暗沉，身体肥胖且笨重。"

人类离赤道越近，他们就会越节制。他们几乎不食任何肉类，大米、玉米、卡萨麸①、小米是他们的日常食品。在印度，数以百万计

---

① 一种根类食用农作物，所含淀粉很多，广泛栽培于热带和亚热带地区。

的人每天的食物花费不到一便士。在欧洲，我们发现居住在北方和南方的人在胃口方面有着明显的差异。一个西班牙人八天的食物量等于一个德国人一顿饭的量。在食量更大的国度中，人们的奢侈便体现在了他消耗的食物上。在英国，在餐桌上放上肉便是奢侈的表现；在意大利，糖和花朵便可以体现出一个人帝王般的地位。

相似的不同也发生在了服饰的奢侈上。在季节变化快且猛烈的国度中，人们的衣服更好且较简单。而在一些国家，人们穿衣服只是为了个人形象，人们更关心衣物的观赏性而非实用价值，衣物本身就是奢侈品。在那不勒斯，你天天都会看见在鲍昔里普①街上闲逛的人们都穿着黄金镶边的衣服，但却不穿内衣。在建筑上也是一样，因为不用担忧气候的影响，人们只看重房屋华丽的外观。在巴黎或者伦敦人们都想要住得温暖又舒适，而在马德里，人们虽然有高档的客厅，但是却没有哪个窗户可以关得上，他们在像老鼠洞一样的房间中睡觉。

食物在热带国家中较为丰满与多产——这便是第三个不同，而这种不同不可能不对第二个不同产生影响。为什么意大利人会吃这么多的蔬菜？因为这些蔬菜质量高，富有营养且味道极佳。在法国，除了水之外，蔬菜得不到其他任何的滋养，因而在餐桌上也就没有什么价值。但是，即使这样，它们并没有少占用土地，人们要付出同样的力气去栽培它们。实验证明在巴巴里②所产的小麦虽然不及法国小麦，但却比后者面粉产出量大。以此类推，法国的小麦的产量比北边地区要大。从此，可以推出从赤道到两级这一条线上存在着类似的渐变过程。在同等数量的产品中所得到的粮食产量却较少，这难道不是一个

---

① 意大利那不勒斯附近的小山，著名游览区。
② 指北非地中海沿岸地区。

明显的不利条件吗？

　　基于以上各种考虑，我还需要补充一点，而这点由上述考虑中得出又对它们进行了加强。这就是，炎热的国家比寒冷国家所需的居民要少，而可以养活的居民也更多，这便为专制制度提供了双重的剩余。当相同数量的人占有的地区扩大的时候，暴乱就更难于发生。因为居民不能很快并且秘密地联合在一起，政府就总是易于发现阴谋，并切断他们之间的联系。另一方面，众多的人民大众越是聚集在一起，政府就越是不易给主权施加压力。大众的领导人在他们的自己的房间中安全地进行筹划就像君主在他自己的内阁中一样，公众在公共场所集合的速度和士兵在兵营中集合的速度是一样的。因此，距离越远对于暴君政府的统治就越为有利，只要有一个强有力的支点，根据杠杆原理，政府的力量会随着距离的增加而增强。[①]

　　相反，人民的力量却是越集中越有效。当这种力量分散开来后，便会蒸发并消失，就像枪药散落在地面上后，只有一粒接着一粒地去点火了。人口最稀疏的国家最适合暴君专治，凶恶的野兽只有在沙漠中才能横行霸道。

---

　　①　这与我在第二卷第九章中所说的大国的缺陷并不矛盾。因为当时讲的是政府对其成员的权威而在这里则是政府对臣民的控制力问题。它散布在各地的成员可以作为他对距离较远的人民施加压力的支点，但是，对其成员却缺乏这样的支点。这样，在一种情况下杠杆的长度成了其弱点所在；而在另一种情况下，这还成了它的优势所在。

第九章　一个好政府的标志

人们会问一个最好的政府必须满足的条件是什么，这个问题是无法回答的，因为它是无法确定的。一些人可能转而会说将人民所有可能的绝对的和相对的立场组合在一起就会得出许多好的答案。

但是要问通过怎样的标志可以判定某个民族的治理状况，就是另外一回事了；现实的问题可以回答这个问题。

即使如此，也不能真正地回答这个问题，这是因为每个人会以自己的方式回答这个问题。臣民想要社会的安宁，而公民则想获得个人的自由——前者看重财产的安全，后者看重个人的安全。臣民认为最为严厉的政府才是最好的政府，而公民则认为最为温和的政府才是好政府。前者想让罪恶得到应有的惩罚，而后者则着力于制止反对。臣民认为让他们的邻居惧怕是件好事，公民则喜欢被他们的邻居所遗忘。只要金钱还在流通，前者就可以得到满足，而后者则认为人民应该有面包果腹。但是即使这些或者与此相似的观点达成了一致，我们的认识是否就深入了呢？精神领域是没有精确的衡量标准的，即使我们对一些衡量标准取得了一致，我们怎样才可以在评估方式方面达成一致呢？

我自己总是很惊异于人类会发现不了这么简单的一个标志，或者是故意不对此达成一致。任何政治联合体的目标是什么呢？那就是保护它的成员，并给其繁荣的生活。但怎样才能证明它们确实已经实现了呢？这就是成员的人口数量。不要忽视这个颇受争议的证据。在其他条件都相同的情况下，如果没有外部因素的影响，例如人口的迁进或迁出，而公民人口增加，并以极大倍数增长，那么这个政府就肯定是好政府。如果在某个政府的治理下人民数量减少，或者日渐衰弱，那么这个政府就是一个坏政府。统计学家，这就是你的工作了：清点、测算与比较。①

---

① 人们必须对几个世纪以来所偏爱的评判人类繁荣的标准进行反思。人们非常崇拜涌现出大量工艺和信件的时代，但是却未考虑文化背后所蕴藏的秘密企图，不考虑它的致命后果，"愚蠢的人称其为人道，其实那已是奴役的开始"。我们难道不应该看看书中所阐述的规则背后是否有恶劣的个人利益来促使作者去写这本书吗？不可以，不论他们说什么，文化多么灿烂，如果国家人口减少了，那么肯定说明这个国家并非是一切都好的。一个诗人即使在他的时代中能赚 10 万里弗也不足以说明他就是最好的。我们认为统治者表面的平静与安宁没有整个国家的福祉更为重要。一场冰雹可能会给几个州带来灾难但是却不会引发饥荒。暴动和内战是对统治者最严重的警告，但它们对于人民来说却不算什么真正的不幸，当那些权力争夺者在为选举下一个暴君而争斗不休的时候，人民至少有几个月喘息的机会。他们的灾难和幸福都来自那种永久不变的状态。当所有的人被牢牢地压在车轭下时，所有的事物都开始腐坏，这时，统治者就可以肆意摧残他们了，当他们将国土沦为废墟的时候，他们便说和平降临了。当国家中的争斗给法国王国带来混乱的时候，当巴黎副主教在口袋中揣着匕首参加议会时，这并没有影响到法国人幸福的生活，在自由与真正安逸的生活中繁衍后代。在古代，希腊在残酷战争发生的高潮时期繁荣起来。虽然在暴乱中希腊血流成河，但整个国家依然人口茂盛。马基雅弗利说："看上去，我们的共和国在暗杀、流放和内战中变得比以往更加强大。公民的道德、精神和独立性会更加有效地增强国家的力量，而他们的争斗所产生的结果则会削弱它。"些许的动乱可以赋予灵魂以活力，真正让人类种族繁盛的不是和平而是自由。

第十章 论政府权力滥用
及其退化的趋势

就像特殊意愿总是与公共意愿作对一样，政府也不断地与主权作对。随着这种对抗的升级，政治便开始腐败，在这种情况下，没有某种集体意愿可以抵抗君主的意志，因此君主迟早会压迫主权，并破坏社会契约。这个政治体固有的且不可避免的缺陷从它诞生之日起便伴随着它，不断地试图摧毁政治体，就像衰老和死亡摧毁一个人的身体一样。

政府退化的方式有两种——一是政府自身的收缩，二是国家的解体。

当政府的成员的数目由大变小的时候开始收缩，也就是由民主制向贵族制，由贵族制向君主制转变的时候。这是它的必然趋势。① 如

---

① 在一片礁湖中缓慢形成并发展的威尼斯共和国为这一过程提供了一鲜明的例子。令人惊讶的是一千两百年以来，威尼斯人似乎仍旧停留在由西拉尔·康塞里奥于1198年所开创的第二个阶段之中，至于人们所责难的那些古代的大公们，不论《威尼斯自由论》怎么讲，都有证据证明大公们不是他们的主权者。

果它按照另外一个方向发展的话，由小变大时，政府结构便会松弛，但是这种反向的运动是不可能的。

事实上，除非它的力量衰竭到不能维持原有的形式，否则，一个政府是不会改变它的形式的。如果它在扩张的过程中变得松弛的话，它的力量就一定会变为零，它甚至不可能存在下去。因此，它在开始变得松弛的时候，必须上紧发条，让政府结构变得紧凑起来，否则依附于它的国家就会毁灭。

国家瓦解的方式有两种。

一种是当君主不再按照法律来管理国家，篡夺主权权力时国家就会瓦解。这样，一个显著的变化就会发生。此时是国家而非政府开始收缩——我的意思是国家作为一个整体瓦解了，但是另外一个国家又在它体内形成了。它只由政府成员组成，对于其余的人民来说，它除了是主人和暴君之外没有任何意义。当政府篡夺主权权力的时候，社会契约便遭到破坏，所有有权收回他们天然自由的普通公民，是受强力的驱使的，并没有任何道德上的义务去服从。

当政府成员分别篡夺本应是一个整体的权力的时候情况也是一样的。这不仅仅是一种违反法律的行为，它会产生更大范围的混乱。这时，有多少的行政官就有多少的君主，国家的分裂程度并不亚于政府，它要么消失要么改变它的形式。

当国家解体后，不论国家权力滥用的形式如何，都具有一个统一的名字——无政府状态。具体看来就是民主制退化成了暴民统治，贵族制成了寡头政治，君主成了暴政，另外，最后一个词的含义模糊，需要解释清楚。

普遍意义上，一个暴君指的是一个统治残暴且至公正与法律于不顾的国王。确切意义上讲，就是一个谎称自己具有皇家权威但事实上对此不享有任何权威的人。希腊人正是这样理解"暴君"的含义的。不管君主的好坏，只要他们的权威不合法①，希腊人都一概称之为暴君。这样，暴君和篡权者是一对很恰当的同义词。不同的事物需要有不同的名字，我将皇室权威的篡夺者称为"暴君"，而将主权权力的篡夺者称为"专制统治者"。暴君指的是侵犯，违背法律，但又按照法律治理国家的人。专制统治者指的是将自己凌驾于法律之上的人。因此，暴君不一定是专制统治者，但一个专制统治者一定是暴君。

人们肯定会用罗马共和国的例子来反驳我，说罗马的顺序恰恰与我所说相反，它从君主制变为了贵族制，又从贵族制变为了民主制。但对此我不敢苟同。

罗穆鲁斯最初创建的是一个混合政府，很快就退化为了一个专制政府。由于特殊的原因，这个国家在发育成熟之前就消失了，就像一个婴孩还未长到成熟的年龄就夭折了一样。塔尔王朝被驱逐之后，共和国才真正诞生。但是，这个共和国起初并没有完全成型，因为未曾废除等级贵族制，从而只完成了一半的任务。等级贵族制是所有合法政府中最为糟糕的一种，与民主制依然格格不入，政府形式一直不明确，并不断波动，得不到确定（马基雅弗利已经证明过这点）直到保民官制度形成之后。只有在护民官制度下才有真正的政府和民主。人

---

① "凡是在一个习惯于自由的国家里永远当权的人，就会被人称为或者视为暴君。"（《米提阿底斯传》第八章）亚里士多德（《尼各马可伦理学》第八卷，第十章）确实区分过暴君和国王，称前者治理国家是为了自己的利益，而后者却只是他的臣民的利益。但是，尽管希腊的著作者所指的"暴君"并不是如此，尤其像色诺芬所写的希罗一样，从亚里士多德的这一标准中可以得出，从世界产生以来还未产生过一个真正的国王。

民那时便不仅仅是主权者，还是执政官和法官；元老院只不过是一个节制并集中政府力量的一个附属机构，而执政官本人，尽管是贵族，首席执政官和战争中的绝对指挥官，在罗马只不过是人民的首领。

从那时起，政府便开始按照自然趋势发展，强烈地向君主制倾斜。贵族好像是自己消灭了自己，不再存在于贵族制的躯体之中，就像在威尼斯和热那亚一样，但是在由贵族和平民组成的元老院中，甚至在保民官制度中，他们开始篡取主动的权力。用最为贴切的语言来形容，就是当人民的首领开始代表他们的利益来治理这个国家时，贵族依然存在，不管这些人表面上的名字是什么。

贵族权力的滥用引发了内战和三人执政。苏拉、尤利乌斯·恺撒①、奥古斯都变成了事实上的国君，最终国家在提贝留乌斯的统治下瓦解。罗马的历史，因此，没有动摇我所说的原则：它肯定了这项原则。

---

① 葛约斯·尤利乌斯·恺撒（Gaius Julius Caesar，公元前102年～前44年），古罗马杰出的军事家、政治家和作家，共和国末期的独裁者。公元前60年与庞培、克拉苏秘密结成前三头同盟，随后出任高卢总督，花了八年时间征服了高卢全境（大约是现在的法国），还袭击了日耳曼和不列颠。公元前49年，他率军占领罗马，打败庞培，集大权于一身，实行独裁统治。制定了《儒略历》。他带兵打仗几十年，指挥过几十个战役，大都是以少胜多，出奇制胜。他的战略思想和战术原则为西方许多著名军事统帅诸如拿破仑等所效法，对西方军事学相应措施的发展做出了杰出的贡献。他曾与幕僚共同著书立说，主要有《高卢战记》《内战记》《亚历山大战记》《阿非利加战记》等。

第十一章　政治体的死亡

这是拥有最佳制度的政府所要经历的一个自然与必然的趋势。如果连斯巴达和罗马政府都灭亡了，那么还有哪个国家能够永世长存呢？如果我们想要建立一个长期存在的政府，那么首先就不要妄想它可以永远存在。如果我们想要取得成功，就要避免去做一些不可能实现的事情，或者夸耀自己正在创造一种固定的政府模式，而这种模式却又是人类条件所不允许的。

国家与人类的身体一样在他们诞生的同时就已经开始衰亡，因为他们自身就已经包含着导致他们灭亡的因素。同时，双方的构造又决定了两者的生命力的大小，以及存在时间的长短。人类的构造是大自然的杰作。凭人类自身之力无法延长自己的生命，但是人类却可以通过建立最佳的政府结构而最大限度地延长一个国家的寿命。尽管此政府的寿命是有限的，但是它与其他政府相比却可以更为长久，除非一些无法预知的因素出现而过早地结束了它的生命历程。

国家的生存之道在于掌管主权的机构。立法权是国家的心脏；行政权是它的大脑，支配着身体各个部分的运动。当大脑瘫痪后，人依然可以活着。即使一个低能的人也可以生存下去，但一旦心脏停止工作了，生命体便会死亡。

国家不仅仅是通过法律才得以生存，它的生存有赖于立法的权力。昨天的法律是不能约束今天的人的，这是因为沉默是默许的一个前提条件，主权在拥有权力来废除某项法律的时候却未加废除就被认为是对这项法律一直是肯定的。它一旦按照自己的意愿宣布了任何事情，那么它的意愿便会一直如此，至少直到它宣布撤销为止。

那么为什么人们如此尊敬古代的法律？这只是因为它们是古代的。我们必须相信只有这些法律的优越性才使得它能够存在这么长的时间。如果它的益处得不到主权的持续肯定，那么它们可能已经被撤销了一千次了。这就是为什么法律在每个制度良好的国家中不但不会变弱还会不断获取新的力量的原因。对于古代先例的偏爱使得它们日益受到人们的尊敬。在某些情况下，法律随着时光的流逝变得衰弱，这表明立法权力已经不存在了，国家已经灭亡了。

第十二章　怎样维持主权权威

主权除了立法权之外就没有其他的权力了，它的行为只有通过法律才能实现。因为法律只不过是公共意愿的可信表示，所以只有当人民聚集在一起时主权才能有所行动。让人民聚集在一起，人们会说——这简直就是一个幻想！这在今天确实是一种幻想，但是在两千年之前却并非如此。人性的改变会如此之大吗？

精神领域所可能达到的疆域并非如我们所想的那么狭窄，是我们的缺点、恶行和偏见限制了它们。卑劣的灵魂不相信会存在伟大的人，低贱的奴隶嘲笑"自由"这个词。

在对已经发生过的事情进行考虑的基础上，我们可以思考什么事情是可以做的。我所要说的不是古希腊共和国而是罗马共和国。对我来说罗马是一个庞大的国家，罗马城是一个巨大的城镇：在最后一次人口调查中，罗马城有四十万装备武装的人，不加上属民、外邦人、女人和孩子或者奴隶，罗马帝国共有四百万的公民。

人们可能认为要让首都或者其周边地区如此多的人频繁地聚在一起肯定会十分地困难。事实上，很少有哪几周罗马人不聚会的，有时甚至一周还要聚上数次。这些人民不但在行使主权权力，他们还是政府的一部分。他们处理某些事物，并审判某些案件；在公共集会中的所有人民起到了执政官的作用，而与此同时他还是公民。

回顾国家的早期历史，我们会发现在大多数古代政府中，甚至是在像马其顿人①和法兰克人②那样的国君制的政府中，都有类似的聚

---

① 马其顿是希腊北部一个贫瘠落后、默默无闻的城邦。到腓力二世时，这个城邦走向强盛。公元前338年，腓力二世击败反对他的希腊联邦，真正建立起他在全希腊的霸主地位。公元前336年腓力二世被刺杀后，亚历山大继位。亚历山大经过十余年的征战，最终建立起了地跨欧亚非的庞大帝国。亚历山大将巴比伦定为首都，建立起马其顿帝国，西起希腊、马其顿，东到印度河流域，南临尼罗河第一瀑布，北至药杀水。它成为世界上最庞大强盛的国家。——译注

② 法兰克人为现在法国人的祖先，分为3个部族：萨利安人（Salian）、里普利安人（Ripuarian）和卡蒂人［Chatti，或黑森人（Hessian）］，是5世纪时入侵西罗马帝国的日耳曼民族的一支，并在5世纪早期，开始从老家南方沿着莱茵河扩展到罗马所控制的高卢（今天的法国）。法兰克人的首长克洛维在高卢打败最后一支罗马军队，并在509年统一法兰克，成为西欧大部分地区的统治者。在接下来的一千年里面，这个法兰克人的王国逐渐演变成今天的法国。——译注

会。无论怎样，我所援引的这个无可争议的事实回答了我们的问题；在我看来，由事实推出可能发生的事情是符合逻辑的。

第十三章　怎样维持主权
权威（续）

在某次集会上聚集在一起的人民通过批准一整套法律以建立国家制度，或者通过人民集会建立一个永久性的政府，抑或是一劳永逸地提供一个选择执政官的方法，所有这些方法是不足以维护主权权威的。除了这些对国家未来发展具有特殊意义的聚会之外，还必须有固定且周期性的聚会，并且任何事物都不能将其废止或者令其休会，这样人民就可以依照法律所规定的特定日期被召集在一起而不需要再召开其他正式的集会了。

但是除了按特定日期召开的法定聚会之外，任何人民聚会如果不是由负有这种责任的官员召集并依法定形式召开，那么聚会就是不合法的，它所通过的任何决定都是无效的，因为集会的召开程序应该由法律所决定。

至于合法集会是否应该频繁召开则是由许多环境条件所决定的，任何一个条件都不能事先确定具体规则。只能说总体上看，政府的力量越大，主权便越需要频繁表达自身意见。

有人可能会告诉我这对一个城镇可能还可以，但是如果这个国家由数个城镇组成该怎么办呢？主权权威是否可以被分割成几份？或者主权权威集中在其中的一个城镇中，其他的城镇只是它的附庸？我的回答是上述的任何做法都是行不通的。首先，主权权威是单一的整体，分割主权权威就等于是毁灭了它。其次，一个城镇无法合法地成为另外一个城镇的附庸，除非它们之间是国与国的关系，因为政治体的本质在于自由和服从的统一，所以"臣民"与"主权"乃是同一意义的相关语，两者的意思融合在一起便是一个词"公民"。

还需要进一步说的是将数个城镇联合在一起组成一个国家并不是一件好事，任何希望组成这种国家的人都不会夸口可以避免这种固有缺陷的发生。对一个想要建立小国家的人埋怨一个大国的罪行是没有用的。但是，小国是如何获得足够的力量以抵御大国的呢，就像希腊的城邦曾经抵抗过一个伟大的国王①，以及现在的荷兰和瑞士抵抗过奥地利王朝②一样？

然而，如果不能将国家的疆域限制在合理的范围之内，那么依然有一个方法可以对其进行补救，那就是要不断变换首都的地址，将政府的位置从一个地方移至一个地方，在各个城市召开全国性的会议。

---

① 这里指波斯国王大流士一世（公元前 521 年～前 485 年在位）和他的儿子薛西斯一世（公元前 485 年～前 465 年在位）。公元前 500 年，大流士发动了对希腊的战争。在公元前 490 年的马拉松战役中，波斯军队被希腊人打败。10 年后，大流士的儿子薛西斯再次远征希腊又惨败而归。——译注

② 奥地利王朝又称为哈布斯堡王朝，是欧洲历史上最大的王朝之一。哈布斯堡王朝的家族成员曾出任神圣罗马帝国皇帝、奥地利公爵、大公、皇帝，匈牙利国王，波希米亚国王，西班牙国王，葡萄牙国王等，曾在欧洲的政治发展史上具有重要地位，于第一次世界大战解体。——译注

将人口在国土上平均地分布，将平等的权力赋予每一个人，让在国家每一个角落的人都能够享有一样的富足和生活——只有通过这种方法国家才可以立刻变得强大起来，得到尽可能好的治理。人们要牢记城邦的城墙只能是由乡间房屋的碎片修建而成。每当在一个国都中我看见一座正在兴建的大厦，我就可以想象得到整个国家的乡村都在被各种简陋的房屋所覆盖着。

第十四章
怎样维持主权权威（续）

从人民依法作为一个主权体召开集会时起，政府所有的权限都停止；行政权力中止，即使是最为卑微的公民也像最高行政官一样地神圣不可侵犯，因为在被代理人出现的时候，代理者便不再拥有任何代理权了。在罗马集会中所发生的绝大部分骚乱是人们不清楚或者忽略了这条规则的结果。执政官此时只是人民的首领；护民官也只是议长①，而元老院则毫无地位可言。

这些权力中止的间歇总会让君主们紧张不已，此时，君主需要承

———————

① 这个词在此的含义多少与在英国议会中的意思相似。执政官和护民官在这些功能上的相似性常常引起双方之间的冲突，即使所有的职权都被中止了。

认或者必须承认一个真正的最高权威。人民的集会作为政治体的盾牌和政府的约束者往往是执政官们的噩梦。因此后者会不遗余力地增加人们的反对意见，制造麻烦、下决心让公民与集会作对。如果公民贪婪、懦弱且优柔寡断并且热爱专制要多于自由时，他们就会抵御不了政府不断加强的攻势。那时，反对力量就会不断加强，主权权威最终开始萎缩，绝大部分共和国的城邦就开始瓦解并过早地结束了他们的生命。

但是，在主权权威和独裁政府之间有时会出现一种中间的力量，现在我们必须做一说明。

第十五章　论议员或者代表

一旦公共服务不再成为公民关心的重点，公民开始用他们的钱袋而不是他们本人向国家服务时，国家就已经离毁灭不远了。需要出兵作战吗？他们出钱雇兵，自己则待在家中。是否该去参加集会了？他们给代理人付钱，自己待在家中。由于他们的懒惰和金钱，结果，他们的国家遭到了士兵的奴役，他们的代理人则出卖了国家。

人们由于忙于商业和手工业，对于利益的渴望，柔弱且贪图享受，将个人的应尽责任用金钱来替代。人们放弃自己一部分利益来方便他们对剩余的那部分利益的追求。当你使用金钱时，你很快就会得到锁链。财政这个词是奴隶的词语。这个词在真正的共和国中是不为人知的。在一个真正自由的国度中，公民用他们自己的双手而不是通过金钱来完成所有的事情；他们不但不会用钱来逃避责任，反而会花钱来亲自履行责任。我远不能接受那种被广泛接受的观点：我认为税收比义务服务更不利于自由。

国家的体制越好，公共事务在公民心中就会高于个人的利益。事实上，并没有这么多的个人利益，因为公共幸福是为每个人绝大部分的幸福服务的，所以个人需要自己去争取的利益也不是那么多。在一个制度规范的国家中，每个人都急于参加集会。在一个坏政府中，没有人会希望去参加集会，因为人们并不能感觉到集会给他们带来什么利益。可以预料的是公共意愿不会占据支配地位，而公民的注意力也被家庭的事物所吸引。好的法律可以引导人们去制定更好的法律；坏的法律只会导致更坏的法律的产生。当某个人在谈及国家事务时说"这与我有什么关系？"时，我们就可以预料到国家的灭亡。

爱国热情的冷却、私人的利益活动、国家广袤的国土、征服和国家权力的滥用——所有这些都说明在国家的集会中设置人民的议员或者代表的做法是不能长久的。他们在其他国家中被公然称之为第三等级——前两个等级的私利被放在了第一和第二的地位，而公共利益只居第三位。

主权不能被代表，由于相同的原因它也是不可以被转让的。主权的本质是公共意愿，而公共意愿也是不能被代表的——要么就是公共意愿，要么就是其他的意愿，不存在任何中间项的可能性。因此，人民的议员不是也不能是人民的代表，他们只是人民的代理人。他们最终不能决定任何事情。任何未得到人民亲自批准的法律都是无效的，根本不是法律。英国人自认为是自由的，但是他们犯了一个严重的错误；他们只有在推选议会成员的时候才是自由的。一旦这些成员被选出来后，他们就成了奴隶，不起任何作用了。在获得自由的短暂时间里，英国人如此地利用这份自由，以至于失去这份自由也是值得的。

代表这个概念是在现代产生的。它来自封建政府，来自那个不公平且荒谬的体系，在那里人得不到尊重，人类这个名字已经名不符实。在共和国中，甚至是在古代世界的君主制国家中，人民从来就没有代表，这个词是不存在的。这在罗马的例子中是显而易见的，保民官是如此的神圣以至于没有人会想象得到他们会篡夺人民的职能。面对众多的人民，他们甚至不曾对他们自己的权威进行一次全民性的公决。然而，根据在革拉古时代所发生的事情，当大多数人民有时只能在屋顶进行投票时，人们也会由此可以感到一定的尴尬。

当权力和自由意味着一切的时候，不便又算得了什么呢。聪明的人民会恰当地安排一切事物。人民允许役隶去做保民官所不敢做的事情，不用担心他们希望代表他们。

即使这样，要解释保民官是如何代表人民的，就需要考虑政府是如何代表主权的。既然法律只是公共意愿的宣言，人民的立法权是不能被代理的，但是行政权却是可以和应该被代理的，这是履行法律的一种手段。由此可知，如果我们仔细观察的话，我们就会发现拥有法律的国家是十分少见的。不论如何，可以确定的是保民官如果没有任何行政职能，通过他们自己职务的权力是不能代表罗马人民的，而只能去篡夺元老院的权力。

在希腊，所有人民需要做的事情，人民都会亲自去做。他们不断地在市集聚会。希腊人生活在温和的气候之中。他们一点都不贪婪，奴隶们把工作都做了，他们主要关心的就是他们的自由。如果没有了这些优势，希腊人的权力怎样才能保持不变呢？生活的环境越恶劣，必需品的需求量就会越大①。一年中有半年公共集会的地方都是不适合居住的，在旷野中人们听不到你舌头所发出的微弱的声音，此时，你对利益的渴望已经超越了自由，你对贫困的恐惧已经超过了做奴隶的恐惧。

什么？难道自由只能在奴隶制的支持下才能存在吗？也许是吧。这是两个极端的融合。一切超出自然的事物都是有缺陷的，尤其以国家社会为甚。在某些不幸的情况下，一个人只有以他人的自由为代价时才能保持自己的自由。公民只有当奴隶成为绝对的奴隶时才享有完全的自由。斯巴达的情况便是如此。生活在现代世界中的人没有任何奴隶，但是却是自己的奴隶。你通过出卖自己而换得了他们的自由。不管你怎么夸耀你的这一爱好都是没有用的，我在这里看到的是懦弱而非人性。

我并不是想通过这些来说明奴隶制是必需的或者奴隶制是合法的，因为我已经证明这是不正确的了。我已经说明了为什么现代世界的人们拥有代表的同时仍然希望自己是自由的，为什么古代的人却不是这样。不管怎样，当一个民族选择拥有代表的时候，它就不再自由了。它将不复存在。

经过仔细地通盘考虑，我认为除非是一个很小的共和国，否则主权在像我们一样的人民之中该怎样执行自己的权力呢？但是如果国家

---

① 如果生活在寒冷国度中的人们要拥有东方人的奢侈品和柔弱，那么就等于是给自己戴上了镣铐。那么寒冷国度中的人将比东方人更加需要这两样东西。

很小，那么它是否会被他国征服呢？不会的。我在后面①会解释一个大的民族对外的力量是如何与自由的政府和小国的良好秩序结合在一起的。

第十六章
政府的机制不是一项契约

一旦立法权确立之后，便要建立相似的行政权。后者只有通过特殊行为才能实行，与前者有着本质的差别，并与前者是自然分离的。如果按照主权的本意进行考虑，可能具有行政权的话，那么权力和事实就会混淆不清，人们也就不会知道什么是法律，什么不是了。政治体很快就会转而成为政治制度所要阻止发生的暴力行为的猎物了。

在社会契约中所有公民都是平等的，所有的人都必须执行契约中的所有规定，没有任何人可以要求他人做他自己不会去做的事情。这项权力对于政治体的生存和发展都是必不可少的。主权在建立政府时将这项权力赋予了君主。

---

① 我将在本部书后面的部分对此进行阐述。在讨论对外关系时，我会对联邦制进行探讨。这是一个全新的主题，它的原则有待确立。

个别理论家说建立政府的行为是人民和位于自身之上的行政者之间的契约。这个契约规定了双方需要遵守的条件，其中便是一方负责命令指挥而另一方则要服从。可以肯定的是，人们可能会承认这种特殊的契约方式，但是还是让我们看看这种理论是否可以继续下去。

首先，最高权威既不能被修改也不能被分割，对它进行限制就等于是毁灭它。如果在主权之上还存在着一个最高权威，那将是荒谬和自相矛盾的。让主权服从一个主人将会使人民回到绝对自由状态中去。

其次，需要明确的是，人民的这种契约或者与这些人的契约是一种特殊行为。由此可知这项契约不可能是法律或者是一种主权行为，因此是非法的。

进一步，我们可以看出缔约双方之间的关系只服从于自然法律，没有双方的承诺保证——这与公民国家是完全不一致的。既然将力量掌握在自己手中的人们是自己行为的主人，这样做就像是给一个人的行为冠以"契约"的名号，而这个人却要对其他人说："我把我所有的财产都给你，而你想还给我多少就多少。"

在国家中只能存在一个契约：这就是联合体本身，而不会存在其他的契约。

第十七章　政府制度

我们应该怎样思考建立政府制度的行为呢？首先，需要说明的是这种行为是复杂的，或者说是由其他两种行为所构成的，这就是，法律的制定与执行。

在第一种行为中，主权会规定要按照一定的规则或者形式来建立政府。很明显这种行为就是法律。

在第二种行为中，人民要任命将在建成的政府中任职的官员。因为这种任命是一种特殊行为，所以它不是第二种法律，只是第一种行为的结果和政府的职能之一。

困难在于如何理解在政府出现之前，政府行为是如何产生的，以及只可能是主权或臣民的人民如何在一定的条件下成了君主或者执政官。

接下来，政治体就会显示出它的一个令人吃惊的特性，它将看似矛盾的行为结合在了一起。在此项操作中，在不经历任何明显变化的情况下，主权突然转变为了民主制，只是通过确立一种所有人对所有人的全新关系，公民成了执政者，将公共行为转化成了特殊行为，由法律转入具体实施阶段。

　　这种关系的转换并不是一种没有现实例子的精妙理论。它每天都会在英国的议会中发生，在某些特定情况下，下院会将自己转变成为一个代表全体议会的委员会以对国事进行更好地磋商，因此也就由刚才的主权会议变成了主权会议的一个简单的委员会。之后，它会向同时是众议院的自己对于委员会的决定做出汇报，并再次对刚才的决定在另外一个名义下进行讨论。

　　民主政府的这种特有优势使得它可以通过简化的公众意愿行为建立。在此之后，如果这种形式被采纳，那么临时政府便仍旧可以存在，或者会以主权的名义按照法律规定建立任何政府，到那时，一切事物都会有序进行。在确立政府制度方面除非废弃前面章节中的原则，否则不存在其他合法的方式。

第十八章　防止政府篡权的方法

　　从第十六章所确定的观点来看，建立政府制度的行为是法律而不是一种契约，而行政权力的持有者不是人民的主人而只是人民的官员，人民可以随意任命或者解除他们的职务。对于官员而言，并不是订立契约的问题而是服从的问题。在履行国家所赋予他们的职责时，他们只是以公民的身份去完成他们的职责，没有任何讨价还价的权力。

这样，当人民要建立一个世袭制的政府，这个政府可以是家族式的君主制，或者是针对公民中某一阶层的贵族制，而人民不需要做出任何承诺。世袭制政府只是人民给予行政管理的一个临时的形式，它可以随意改变这种安排。

事实上，这种变化总是很危险的，除非现存政府与公共利益已经不能相容，否则就不应该改变已经建立好的政府，但是这种慎重考虑只是一种政治规则而不是法律规则。国家不会将人民权威赋予它的执政官就像它不会将军事权威赋予将军一样。

在一些情况下，尽管人们已经非常小心了，但是仍然不能掌握所有程序，将一个合理、合法的行为与一场富有煽动性的骚动以及全体人民的意愿和派别之间的纷争区别开来。总之，一个人必须避免向对社会有害的言论屈服，要严格执行法律要求。也正是由于这项责任，君主获得了一个可以在自己的权力范围内藐视人民的立场的机会，而不用担心会有人说他篡权。因为表面上看，他只是在执行自己的权力，但是他很容易就可以扩大这些权力，以维护公共安全为借口，阻止召开旨在建立良好政府的集会。他阻止人们打破现状，让人们承认他的不合理行为，人们因为惧怕遭到惩罚而不敢说出自己的想法，君主便利用人们的沉默来为自己谋利。正是因为这样，罗马的十大行政官在某年被第一次选出来后，便不断地连任，试图永远拥有这些权力，从不允许国民议会的召开。正是通过这种方式，世界上所有的政府一旦拥有了公共的力量之后，早晚都会篡夺公共的权威。

我在前面所说的召开周期性集会的方式可以阻止或者拖延这种不

法行为的发生，有了这种机会便不需要再召开任何正式的集会了。这样，君主就不可能在不公开自己是违法者和国家敌人的情况下阻止会议的召开。

集会的唯一目的就是要维持社会契约，在会议召开之时，需要先提出两个提议，这些提议不能被废止，并且必须进行分别投票：

第一个是："主权是否愿意保留现有的政府形式？"

第二个是："人民是否愿意让现在的政府仍旧管理国家的行政事务？"

在此，我认为我已经阐述过了我的观点，那就是，在国家中不存在任何根本性法律是不可以被撤销的，甚至是社会契约。因为如果所有的公民在集会中一致同意结束这项契约，那么这项契约就会合法地被终结，这是无可置疑的。事实上，格劳秀斯认为每个公民都可以撤销自己某国成员的身份，在离开该国后便可以恢复他自然的自由和财产。①

---

① 这是说没有人可以离开自己的国家以逃避应负的责任，或者当他的国家需要他的时候，拒绝挽救他的国家。在这种情况下，逃避责任是有罪的，应该受到惩罚。这不是撤销而是背弃。

第四巻

第一章 公共意愿是不可摧毁的

只要几个人联合在一起认为自己是一个整体，并一起为了他们共同的生存和公共的幸福而努力。那么这个国家所有的力量都是富有活力且单纯的。它的原则是清晰且富有启示性的；它没有任何不能共融或者冲突的利益。公共福祉是如此明显以至于根据常识就可以判断出来。和平、统一与平等是政治上玩弄权术的敌人。正直且单纯的人很难去欺骗他人，这完全是因为他们是单纯且简单的。花言巧语对他们是不起作用的。事实上，他们不那么容易被人影响受人愚弄。当一群总能采取明智举动的农民坐在橡树地下为国家设立规则时，他们是世界上最幸福的人。看到上述情景，我们不禁要蔑视其他国家在政治上玩弄权术的行为了，他们运用了大量的伎俩并采取秘密的行为从而使自己能够声名远扬，整个国家却陷入窘境。

一个按照这种方式治理的国家几乎不需要什么法律，当需要制定新的法律的时候，所有的人都会感受到这种必要性。第一个提出这项提议的人只是说出了所有人的心声，不需要用阴谋诡计或者巧舌如簧就可以保证法律的实施，因为每个人一旦确定大家都会这样做的时候，都已经能够决定要付诸行动了。

经常会给理论家以误导的是，由于只看到了一些从一开始就没有被建好的国家，理论家看不到维持这样一个政体的希望，从而备受打击。他们耻笑那些认为一个聪明的无赖或者一个狡猾的演说家就可以说服巴黎或者伦敦的人民的无稽之谈。他们不知道克伦威尔是会被伯尼尔的人民关进钟楼的①，波佛公爵②会被日内瓦人囚禁起来。

然而，当社会联系变得松弛，国家衰弱的时候，当个别利益开始为人所注意，各派的社会团体开始对整个社会施加影响时，公共利益就会被腐蚀，碰到反对的力量。投票不再能够获得一致的意见。公共意愿不再是所有人的意愿。矛盾和争议产生。甚至最好的意见也不会安然地居于主导地位。

最终，当国家只能在空虚和虚假的躯壳中维持自己的生命，滑向毁灭的边缘的时候，当社会纽带在每个人的心中已经破裂时，当最自私的利益在公共利益的神圣名字前肆无忌惮地耀武扬威时，公共意愿便沉默了：每个人在私人利益的驱动下不再像一个公民一样去发表意见，就像国家从来就不存在一样。人民在法律的掩饰下颁布以实现个人利益为目的的不公正的法令。

这是否说明公共意愿已经消亡或者遭到腐蚀了？不是的，它一直都没有改变，没有被腐蚀，依然纯洁，但是不得不服从于被置于其上的其他意愿。每个人在将自己的利益从公共利益中分离出来后都会发现他不能完全地脱离公共利益，但是他又发现他在公共利益那部分利益与他独自去争取到的独享的利益是无法相比的。当不考虑私人利益

---

① 也就是"敲钟"的音译。在伯尼尔有一个习惯，就是要在被迫进行公共劳动的犯人脖子上拴上钟。——译注

② 波佛公爵是法国亲王、投石党运动（Fronde）领袖之一。

的时候，他会像其他所有人一样希望得到对自己有利的那部分公共利益。甚至在他为了金钱而出卖自己的投票权的时候，他心中的公共意愿并没有消失，他只是避开了它。他所犯的错误就是改变了问题的形式，他回答的并不是问他的那个问题而是另外一个不同的问题。他投票本来是要说："这对国家是有利的"，而事实上却说："这是对这个人或者那个党派是有利的或者这个提议应该被采纳。"由于这个原因，用于规范公共集会的敏感规则就不完全是为了支持公共意愿，还要保证公共意愿在那里总会受到质疑，并经常做出回复。

我在此会详细谈一下每个主权行为都具有的普通权力，即投票权。这是公民不可分割的权力，是发言的权力，提出意见的权力，辩论的权力—— 一个政府总会小心翼翼地将这种权力留给自己的成员——但是，这样重要的议题需要单独论述，我不可能一下子就将所有的事情都讲清楚。

第二章　投票权

从之前章节的内容中我们可以明显地看出公共事物的行为方式足可以显示出道德性质和政治体的健康状态。在政治集会中，和谐越是占据支配地位，那么公共意见就越是趋近于一致，公共意愿的主导地位也越牢固。然而，长时间的辩论和不同的意见以及混乱预示着个别利益的上升和国家的衰落。

当两种或者多种秩序进入到国家体制中去的时候，就像罗马的贵族和平民一样，他们的争吵，甚至在共和国最为辉煌的阶段中，也常常会影响到元老院，在此情况下，上述观点就变得不太明显了。这个例外只是看上去很真实，这是因为罗马的政治体具有固有缺陷，简单来说就是将两个国家并入了一个之中，在整个国家中无法实现的事情在单个国家中却可以实现。事实上，即使在最为动乱的时期，只要元老院不干涉，平民们总能平静地去投票，并且会按绝大多数人的票来表决。公民只有一个利益，人民只有一种意愿。

事情的另外一个极端就是，出现了一致的意见。当人民堕落为奴隶，不再拥有自由或者意愿时便会出现上述情况。恐惧与逢迎将投票变成了喝彩。人们不再仔细考虑事情，他们或者盲目崇拜或者怨天尤人。在皇帝统治时期，元老院的元老便是以这样的方式来发表他们的意见的，同时，塔西佗曾经指出，在奥托①的统治下，元老院的元老在争相批判维提里乌斯②的时候，故意发出震耳欲聋的喧哗声，这样是为了防止今后可能会再次成为他们主人的维提里乌斯听清楚他们在

---

① 玛尔库斯·撒尔维乌斯·奥托（Marcus Salvius Otho），英语译作奥索，公元32年~69年，罗马帝国的皇帝之一。皇帝尼禄被迫自杀后，在"四帝之年"（公元69年）中的第二位皇帝。奥托杀害了伽尔巴之后，成为罗马皇帝，不过随即因内战战败而自杀。

② 奥鲁斯·维提里乌斯·日耳曼尼库斯（Aulus Vitellius Germanicus），公元15年9月24日~69年12月20日，罗马帝国的皇帝之一。在公元69年的"四帝之年"中，他的部队击败了皇帝奥托，奥托自杀，维提里乌斯进入罗马城，成了该年的第三位皇帝。但在公元69年底，支持维斯帕先的部队进入罗马，维提里乌斯兵败被杀。

说些什么。

各种分析表明计算投票以及对比意见的原则必须被确立下来，而这些原则取决于辨认公共意愿的难易程度，以及国家的衰败程度如何。

只有一项法律在本质上需要一致的同意，这就是社会契约。因为公共联合体是世界上最为自愿的行为；每个人生而自由，是自己的主人，任何其他的人在不经过他同意的情况下，不能以任何借口奴役他。称一个奴隶的儿子天生也是奴隶就等于是说他生来就不是人。

在社会契约制定的过程中如果出现反对的意见，那么这些意见不能使契约无效。如果有不同意见的话，可以将这些持有不同意见的人排除在外。他们是公民中的外邦人。在国家制度确立后，在这个国家居住就代表了同意：只要在这个国家居住就要服从本国的主权。①

除了原始契约之外，少数投票人总是要服从多数投票人的意见的，这是契约本身的必然结果。然而，人们会问一个人在被迫同意一个不属于他的意愿时，他又怎么能是自由的呢？少数反对意见持有者如何在保持自由的同时服从那些他们不同意的法律呢？

我的回答就是这个问题本身就是有问题的。公民可以同意任何的法律，甚至是与他们的意愿相反的法律，以及触犯了其中任何一条就会遭到惩罚的法律。国家所有成员的经常性意愿就是公共意愿；正是

---

① 应该总是将其理解为在一个自由的国家之中，否则的话，家庭、财产、缺乏避难地、生活所迫或者暴力等因素都可以让一个人待在某个国家之内，尽管他并不情愿这么做。这样他的居住地点已经不能表明他是同意这项契约还是要违背这项契约。

这样这些成员才成为了公民，获得了自由。① 当某项法律在人民的集会上被提出来时，他们需要做的事不是同意或者反对该项提议，而是看它是否是与他们的公共意愿相符合的。每个人通过投上自己的一票来发表自己在这个问题上的看法，而票数的计算则会反映出公共意愿是什么。因此，当这个观点与我自己的观点相反时，这只是说明我犯了一个错误，公共意愿并非是我所想象的那样。如果我的个人意愿居然胜过了公共意愿，那么我就已经做了一件我并不想要发生的事情，这时，我已经不再自由。

事实上，这里假设所有的公共意愿的特点都存在于大多数的人民之中；当这种情况改变时，不管人们采取怎样的立场，都不会有真正的自由存在。

当我在本文前面的部分阐述个人意愿是如何在公共的讨论中代替公共意愿时，我对该如何防止这种情况发生方面已经提出了足够清晰的实用方法，在后面的内容中我会继续就此进行讨论。投票的数量比例应该能够代表公共意愿，我也提出了确定这些数量的原则。一票之差就可以打破平分秋色的局面；一个反对的声音就足以不促成一致意见，但是在统一意见和各占一半的意见分歧之间还存在着许多比例不相等的分歧，而对于其中的每一种，我们都可以按照具体情况和政治体的需要来确定最理想的比例。

两条普遍的准则可以用来决定这些比率：第一，要决定的事情越重要和严重，占主导地位的观点就必须向一致意见越加靠近。第二，这个

---

① 在热那亚监狱的大门上和船的锁链上都会看到 Libertas（自由）这个词。这种做法不但好而且公平。事实上，所有国家的犯罪分子被戴上镣铐，从而享受到了最完美的自由。

问题需要做出答复的时间越快，规定的绝大多数的量就要越小；对于当时就要做出决定的问题，只要有一票的多数就可以了。第一条准则更适用于颁布法律，第二条则适合处理行政事务。在处理所有事务时，我们只要把这两个准则结合起来就可以决定绝大多数的正确数量。

第三章　论选举

像我之前所说的一样，选举君主和执政官是复杂的行为，只能按照两种方法进行，那就是选择或者抽签。这两种方法曾被用在不同的共和国之中，我们仍然可以在选举威尼斯的大公的时候看出这两种方法被复杂地糅合在了一起。孟德斯鸠说："抽签选举是符合民主制的本质的。"我同意这个观点。但是为什么会是这样呢？他接着说："抽签是一种不会伤害到任何人的方法，它给予每个公民以报效祖国的合理愿望。"但是这些原因并不好。

如果我们还记得选举首脑是政府的职能而非主权职能的话，我们就可以明白为什么抽签的方式是符合民主制的本质的。这是因为在民主制中，行政行为越少，行政结果就会越好。

在真正的民主制度中，执政官的职位并不是一种特权而是一份沉重的责任，这样，就无法公平地将它加之于一个人而不加给另外一个人。法律可以把这项责任交给任何抽到签的人。因为在这种情况下，条件对每个人都是相等的，法律的普世性不会因任何特殊的做法而遭到扭曲。

在贵族制中，君主选择君主，政府通过自己的行动来保证生存；这样，通过投票的方法来进行选举就是合适的。

威尼斯大公选举的这个例子不但没有削弱这种不同，反而对其进行了肯定：这种混合的形式适合混合制的政府。认为威尼斯政府是纯正的贵族制政府是错误的。既然威尼斯人民不能参与到政府的管理中去，那么威尼斯的贵族本身便是另外一种的人民。大量贫困的巴拿波特①与任何执政官的职位都是无缘的，他们的贵族身份体现在"阁下"这个虚名以及出席大议会的权力上。既然大议会和我们日内瓦的全体会议一样都有大量的人参加，他们显赫的成员也不会比我们普通的公民拥有更多的特权。这样，毫无疑问的是，尽管这两个共和国存在着极大的不同，但是威尼斯的贵族和日内瓦的无产者无异。我国的国民和在我国的居民就相当于威尼斯的市民和人民，我们的农民相当于他们在陆地上的属民。总之，除了两者的大小不同之外，不管从什么角度来看待威尼斯共和国，它的政府都不比我们的政府更加接近贵族制。

事实上，总体上的不同就在于我们没有可以终身任职的国家首脑，因此我们就不像他们一样需要抽签选举的方式。

在真正民主制的国家中，抽签选举并不存在什么缺点。因为所有的人在品性、才能、道德和财富方面都是平等的。不管选择谁都是可以的。但是就像我已经说过的一样，真正的民主是不存在的。

在使用投票选举和抽签选举这两种方式的时候，前者适合用于选

---

① 威尼斯的贵族分为两等。巴拿波特是其中贫穷的贵族。

举需要有特殊技巧的职位，如军队的指挥官，而后者则适用于那些具备了常识、公平和正直条件就可以任职的职位，如一些政府职位，因为在一个制度良好的国家中所有的公民都具有这些条件。

在君主制政府中，抽签或者投票选举都是不能使用的。既然存在着独一无二的君主和执政者，他的属下只能由他自己来选择。圣彼得修道院长曾经提议扩大法国国王御前会议规模，并通过投票选举的方式选出其成员的方式，他没有意识到他正在提议改变政府的形式。

我还没有谈到在人民集会中投票和计票的方式，但是罗马的体制发展史也许可以更加有力地说明我所要说的所有原则。各位善于思考的读者不妨仔细思考一下在一个拥有二十万人的会议中该如何处理公共和个别事务，这是大有好处的。

第四章　罗马人民大会

我们没有关于罗马帝国早期历史的可靠记录，我们所知道的绝大部分故事完全可能来自寓言传说①；事实上，一般来说，与一些民族有关的记录中最有指导意义的那部分，也就是他们的政治制度史，正是我们最为缺乏的。经验每天都告诉我们各个帝国中发生革命的原因

---

① 罗马这个名字据说是由罗穆鲁斯而来，其实它是希腊语，意味着力量；努马这个名字也来自希腊文，意思是法律。难道是这两位罗马城最初的两个皇帝在他们开始统治之前就已经预先取了与自己以后的作为相关的名字？

是什么，但是因为各个民族的形成期已经过去，我们也就只好靠推测来解释他们曾经是怎样形成的。

已知的既成习惯本身至少可以表明这些习惯之所以能存在必然会有其形成的根源。传统是由这些根源而来，那些具有自身起源且受到了最大权威支持的以及拥有最佳存在理由的传统应该得到最大的肯定。我试图用这一原则来探索世界上曾经最为自由且强大的人民是怎样运用它无可比拟的权力的。

在罗马帝国建立之后，这个新生的共和国——开创者的军队是由阿尔班人、沙宾人和异邦人组成——由三个阶级所组成，它们由于这种划分方法而得名为"部落"。每个部落又进一步地被分成十个库里亚，每个库里亚又被分成十个德库里亚，他们首领的名字是库里昂和德库里昂。

除此之外，每个部落还会抽出一百名骑兵或者骑士来组成一个团体，这个团体的名称就是百人团。这表明这种部落的划分方法在城市中是没有必要的，而在纯军事领域却是头等重要的。但是，这个被称为罗马的小镇似乎在一开始就有创造丰功伟业的本能，而正是这种本能给他们提供了一个会适用于世界的体制。

然而，这个最初的划分方法却出现了一个不利的结果。阿尔班人和沙宾人的部落没有发生变化，而异邦人的部落却随着越来越多异邦人的加入而不断膨胀起来，不久它的人数比其他两个部落的总人数还要多。塞尔维乌斯①找到了一个方法来纠正这个危险的错误，这就是

---

① 塞尔维乌斯·图利乌斯，古代罗马王政时代第六位国王（约公元前578年~前534年），在其统治期间实行了一系列军事和政治改革。具体改革包括重新划分罗马部落、按罗马自由居民财产的多寡将罗马人分成五个等级等，这在本章中有详细的论述。——译注

改变划分的基础，他废除了按照种族进行划分的方法，引进了另外一种划分方法。他将三个部落改为四个，每个部落占有罗马数座山中的一个并以该部落的名字给山命名。这样，他不但修正了当时的不平等，还预防了未来不平等的发生。为了确保这种划分是对人的而不是对地区的，他命令一个地区的居民不能迁到其他的地区中去，以防止各个种族之间的融合。

他还将原来三个骑兵百人团的数量增加了一倍，并又增加了十二个新的名额，但是仍让他们保持着原有的名字——这是一个聪明又简单的方法，通过这种方法他成功地区分了骑士这个团体和人民，并不会遭到后者的反对。

在这四个城市部族的基础上，塞尔维乌斯又增加了十五个部落，被称为农村部落。因为他们是由农村的居民所组成的，被安置在许多的行政区之中。随后，在许多新的部落被建成后，罗马人发现罗马被分成了三十五个部落，这个数字直到共和国结束都没有再被更改过。

城市部落和农村部落的不同造成了值得我们注意的一个结果，这是因为在此之前还没有出现过这种先例，罗马精神财富的传承和它的成长都与这种不同有关系。人们原来可能以为城市部落很快就会独占国家权力与荣誉，而农村部落将无立足之地。但事实恰恰与之相反。早期罗马人对于乡村生活的喜爱是为人们所熟知的。这种喜爱来自他们的明智的开国者，他们将自由与乡村劳作和军队服役结合在了一起，而将手工艺、贸易、阴谋、财富和奴隶制转到了城镇之中。

因为罗马所有显赫的人都居住在乡村，开垦土地，因此将乡村视为共和国的中心所在便成了一种习惯。因为这是绝大多数高贵贵族的生活方式，因而也就得到了每个人的尊崇。人们喜爱村民们简单与劳作的生活胜过罗马商人闲散而懒惰的生活。一个在城中只是悲惨无产者的人如果成为一个耕夫后就会得到人们的尊敬。瓦戎说过："我们高贵的祖先将村子建成培养这些强壮且勇猛的人的基地不是没有道理的，这些人在战争时期保卫他们而在和平时期又维护他们的繁荣。"普林尼曾肯定地说那些农村部落因为他们部落的人而受到人们的尊敬，如果要贬低一个懦夫的时候，就把这个人送到一个城市部落来羞辱他。沙宾人阿皮乌斯·克劳底乌斯①载誉而归后就在罗马城中居住，并被编入了一个农村的部落之中，这个部落随后就以他的名字命名。最后，所有被释放的奴隶都加入了城市部落而不是农村部落。在整个共和国没有一个被释放的奴隶获得执政官的职位，即使他们已经是一个公民了。

这是一个非常优秀的原则，但是最终它们被人们运用得远远超出了应有范围，最终产生了一种变体，当然就成了政治体系中权力的滥用。

首先，监察官长期掌握着随意将公民从一个部落转到另外一个部落的权力，允许绝大多数人选择自己登记的部落，这种让步是没有任何好处的，同时也失去了监察制度本身一个优点。另外，所有尊贵和有权力的人都登记在了农村部落之中，而释放出的奴隶仍然和普通公民一样登记在城市部落之中，这样部落在大体上不再拥有任何地方或者界限基础，所有的人都被混在了一起，如果不看登记记录，人们不再可能确定某个人的身份。这就是"部落"一词为什么只有个人而非地域界限的意思或者几乎只是一个名称了。

---

① 阿皮乌斯·克劳底乌斯（Appius Claudius），公元前 4 世纪至前 3 世纪罗马监察官和执政官，修建了第一条罗马高架渠并开始阿比恩大道的建设。

另外一个情况就是，城市部落由于离国家的中心比较近，经常会成为人民大会中的最强的群体，并将国家出卖给那些购买选票的大会中的乌合之众。

由于开国者在每个部落中设置了十个库里亚，因此那时被城墙所围起来的所有罗马人民被分成三十个库里亚，每个都有他们自己的寺庙、神、官员、祭司和被称为"大路节"的节日，类似于后来在乡村部落中所举行的"乡村节"。

在塞尔维乌斯引进了新的部落划分方法之后，这三十个部落不能够在四个部落中平均分配，而他又不想改变这种方法；结果，库里亚开始独立于部落，成了罗马居民中的另外一种类。但是，农村部落中的库里亚或者库里亚中的人却没有出现什么问题，因为当部落成了纯粹的公民机构之后，罗马便设置了另外一个制度以征募军队，罗穆鲁斯所设置的军事划分方法便成多余的了。这样，尽管每个公民在每个部落中登记，但许多人都不是库里亚成员。

塞尔维乌斯还进行了第三种划分，这种划分与前两种没有任何关系，并由于它所带来的结果而成了最为重要的划分方式。他将所有的罗马人划分为六个阶级，这种划分既不按个人情况也不按居住地区而是按一个人的财富。这样，第一个阶级就被富人所占据，而最后一个阶级则都是穷人，中间的阶级由那些财产量居中的人构成。这六个阶级又被分成了一百九十三个另外的团体，被称为百人团。根据这种划分方法，第一个阶级占到了一半以上，而最后一个阶级独自占有一个团。这样，人数最少的阶级却占有了最多的百人团，最后这个阶级中所有的人只占有一个团，尽管它所包含的人数达到了罗马所有居民一半以上。

为了掩盖这种划分方法的后果，塞尔维乌斯将它伪装成一种军事形式。他在第二个阶级中插入了两个甲胄士百人团，在第四个阶级中插入了两个军械士百人团。除了最后那个阶级之外，他在每个阶级中区分出年轻人和老年人，也就是，那些可以拿得动武器的人和由于年龄因素在法律上可以免除兵役的人。这种划分方法比财富划分法需要更频繁地进行人口普查。最后，他还决定会议在玛尔斯教场召开会议，所有到了参军年龄的人应该持武器参加。

塞尔维乌斯之所以没在最后一个阶级中划分出年轻和年老的人是因为普通的国民没有拿起武器为国效力的荣誉；只有那些拥有家园的人才有权力去保卫家园。今天有不计其数的乞讨者流浪队伍分布在各个国王的军队之中，但是这些人在罗马的军队中却会被轻蔑地驱逐出去，因为那时的军队可是自由的守卫者。

然而，最后一个阶级仍然存在着一种划分，分别是"无产者"和"按人头计数者"。前者并非没有任何地位，至少还是国家公民，有时在国家兵源紧张的时候还可以充当士兵。但是那些什么都没有的人，就只是按人头来计算他们了，马留乌斯是第一个屈尊将他们计算在内的人。

我们先不判断第三种划分方法本身是好还是坏，我想肯定地说这种方法之所以是可行的是因为早期罗马人的普遍爱好、他们对农业的重视以及对像商业和追求利益行为的鄙视。现代人具有无止境的贪婪，浮躁的内心、阴谋以及不断变化的生活和命运，他们可以实行这个制度二十年而不会发生政变吗？不能忘记的是，罗马人的道德情操和审查部门有力量来纠正制度中的种种弊端，一个过分卖弄自己财富的富人也是会被转入穷人的行列中去的。

正是由于上述原因，很容易就可以理解为什么罗马阶级很少会多于五个，即使事实上是有六个阶级的。第六个阶级既不向军队派出士兵又不能成为在玛尔斯教场①召开会议中的投票者，因此它在共和国中是不起什么作用的，很少会被人们想到。

上述就是罗马人所采用的不同划分方法。我们现在考虑一下这些划分方法对于会议的影响。这种依法召开的会议被称为人民大会，它们通常是在罗马公共会场或是在玛尔斯教场上举行。分为库里亚大会、百人团大会和部落大会三种形式。库里亚大会是由罗穆鲁斯建立的，百人团大会是由塞尔维乌斯创立的，而部落大会则是人民的保民官所创建的。只有在人民大会中才可以批准法律，选举执政官，因为还没有哪个公民未曾在库里亚、百人团或者部落里登记的。由此可知，没有公民是可以被排除在选举权之外的，罗马人民是真正的主权，不论是在法律上还是现实中。

如果人民大会要合法举行，其决定能够具有法律效力，那么就有三个条件是不得不遵守的：第一，召开会议者或者执政官必须具有必要的权威；第二，会议必须在法律规定的日期召开；第三，占卜结果必须是好的。

上述规则中的第一条无须解释。第二条是政策问题。会议不能在节日与赶集的日子召开，因为乡下的人会来罗马办自己的事情，无暇参加会议。第三条规则可以使元老院借机控制那些骄横且不安分的人，削弱护民官的煽动热情——尽管后者可以找出不止一条的办法来

---

① 我之所以说"玛尔斯教场"是因为这是百人团大会召开的地方。在其他的两种集会上，人民在市场上或者其他的地方召开会议。这时，"按人头计算者"就和地位显赫的公民拥有同等的影响力和权威。

逃避这种限制。

不光是只有法律和首脑的选举才能交给人民大会来裁定。既然罗马人民已经篡取了政府最为重要的职能，那么我们可以说整个欧洲的命运就被这些大会所掌握。各种各样的公共事务说明了为什么人民大会根据所要裁定事物的不同而采取不同的形式。

要想评判各种不同的形式，那么只要对他们进行比较就行了。罗穆鲁斯建立人民大会的目的是要用元老院来平衡人民的力量，或者用人民的力量来平衡元老院，而他自己则同等地驾驭两者。他的这种安排给予了人民数量上的权威，以平衡他所赋予贵族在权力和财富上的权威。但是按照君主制，他仍然给予了贵族制以大量的便利，贵族们通过收买代理人来影响数量上的绝大多数人。这种令人钦佩的资助人和代理人体制是政治和人性的杰作，如果没有这种体制，与共和精神相反的贵族制是无法生存的。罗马因为给世界提供了这样一个高贵的例子而获得了一份独有的荣誉。在这种体制中从未发生过权力的滥用，但是在其他地方却没有得到执行。

库里亚这种形式一直持续到了塞尔维乌斯时期，由于塔尔干王朝末期的统治被认为是不合法的，因此皇家的法律总体上就被称为"库里亚法"。

在共和国中，库里亚仍然被限制在四个城市部落的范围之内，仍旧只包括罗马城的民众，即不会取悦于贵族的领导机构，元老院，也得不到尽管是平民但却领导着更多富有公民的保民官的欢心。这样，库里亚的威信逐渐丧失了，事实上这种威信丧失到如此低的地步以至于三十个役隶集合起来就可以做本该由人民大会完成的事情。

划分百人团的方法对于贵族制是如此有利，以至于起初很难看出：既然拥有了百人团大会的名字，执政官、监察官和象牙行政官也依次选出，元老院为何在其中还占不了主导地位。事实上，组成了全体罗马人民的六个阶级下设了 193 个百人团，其中第一个阶级占 98 个团，因为只按百人团来进行计票，因此这个阶级在所有的阶级中占有主导性地位。当所有这些团取得一致后，剩下的票甚至都不用计算了；这些由少数人通过的决议却要对所有的人去施行。因此可以说，百人团大会中的事务是由钱而非投票的多少来决定的。

但这种过大的权力可以通过两种方式来进行节制：首先，执政官都是普通民众，大量的平民都存在于富人的阶级之中，从而限制了贵族在第一个阶级中的影响力。

其次，百人团并非总是按照等级或者级别来召开会议，因为这样就会总是从第一阶级开始；相反，在用抽签①的方式选出一个百人团后，这个团将自己继续选举，在此之后，其他的百人团会在另外一天按照等级级别召开并重复选举，一般情况下，他们都会肯定这种选举的结果。这样，例子所带来的示范权威就按照民主制的原则，由按级别转为按机会来进行选择了。

这种方法还有另外一个优点。那就是乡下的公民可以利用两次选举之间的时间去了解每位临时提名候选人的优点，从而能够不在一无所知的情况下进行选择。但是，这个办法最终由于要加快选举进程的原因而最终被废除，两次选举在同一天举行。

严格意义上说，部族大会才是罗马人民的议会。只有保民官才可以召集这种会议。保民官在大会上被选举出来，并通过了全民制定的

---

① 因此，通过抽签方式选出的百人团被称作"优先（prerogative）"，因为它将第一个去投票，这也是我们"prerogative"这个词的来源。

法律。元老院不仅在大会中没有地位，元老们甚至没有权力参加。他们不得不服从那些他们未曾参与制定的法律，从这个意义上说，元老们的自由甚至还不如身份最为卑微的公民。总体上说，创造这种不公平待遇的思想是错误的，这个未曾得到全体成员认可的法令体系足以因此而丧失有效性。如果所有的贵族依据他们公民的权力参加了大会，那么他在按照人头计数的投票中就会跟普通的个人一样不会产生多大的影响力，在其中，最为卑微的无产者与首席元老是同等重要的。

因此，我们可以看出各种用来计算如此众多人民投票结果的体系所产生的秩序，除此之外，还可以看出这些方法本身并不是不重要的，每种方法所产生的后果都与这种方法背后的思想有关系。

长话短说，从已经做出的解释可以看出，部族大会是最为适合大众政府的大会，而百人团大会则最为适合贵族制。在库里亚大会上，罗马的平民占到了会议的绝大多数。他们对于暴君和邪恶力量的支持倾向会使他们陷入不光彩之中，因此煽动性的力量并没有出现在大会之中以免引起人们对他们阴谋的怀疑。毫无疑问的是，只有在百人团大会上才可以看到罗马人民的最高权威，因为库里亚大会不包括乡村的部落，而部落大会不包括元老院和贵族。

罗马人所使用的投票体制，和他们的行为方式与思想一样的简单，尽管较之斯巴达人还更为复杂一些。每个人通过口头的方式投票并有一个书记官负责记录投票结果。每个部落中大多数人的投票结果便是这个部落的决定，然后绝大多数部落的投票结果便代表了全体人民的决定。这在百人团中也是一样的。如果公民都是诚实的，且每个人都以投票给不公正的提案或者不称职的候选人为耻，那么这便不失为一种好的方法。但是当人民的道德水平下降并出现收买选票的现象时，投票适宜在秘密中进行，那么购票者对出卖选票者的不信任会对购票者的行为形成牵制，而一些无赖也有机会可以不做叛徒。

我知道西塞罗批判投票方式的这一变化，并认为它是导致共和国灭亡的原因之一。但是，考虑到西塞罗所承担权威的分量，我并不能同意他的观点。相反，我认为正是因为变化太少了，国家灭亡的速度便加快了。这是因为，一个健康人的饮食不适合于病人，适用于道德高尚人民的法律不应该被用于道德低下的人民。没有比威尼斯共和国长久的生命更能证明这一原则的正确性。威尼斯共和国现在仍然保留着过去的影子，这只是因为它的法律只适合于邪恶的人。

现在，罗马的公民在投票时都会收到一张票，这样每个人在投票时就可以不让别人知道自己的观点。票数的统计方式也做出了新的安排，包括计算票数、对比票数等等。但是人们对于负责这方面职能①官员的诚实度还是有所怀疑。最终，诸多防止阴谋和买卖选票事件发生的法令被推出，数量如此繁多以至于影响到了法令的有效性。

在共和国最后的岁月中，罗马人经常不得不做出非常的权宜之计以弥补法律的缺陷。有时，他们就依靠制造神迹来蒙骗人民，但是这种做法是骗不了统治者的。有时，在候选人还没来得及进行贿赂活动之前，就匆匆忙忙地召集会议。有时，当眼看人民受到蛊惑要做出错误决定时，整个会议议程被各种阻挠和斗争所占据。但是，野心与阴谋最终将清除所有的障碍。令人难以置信的是，众多的人民在如此混乱的局面下仍能继续像元老院一样顺利地选举执政官，颁布法律，审

---

① 这里指的是选票的监督、分配与查询。

判案件，处理一切公共与个人事务，而这要归功于罗马人民古老的秩序准则。

第五章　论保民官制

当政府的各个组成部分之间不可能达到一个精准的平衡，或者一些无法控制的原因不断改变着它们之间的关系时，那么就需要建立一个特殊的执政官，并与其他的官员分离开来，使每个部分处于良好的平衡之中，在君主和人民或者君主和主权之间抑或在必要的时候，同时在这两种关系之间充当起一种纽带或者媒介。

我将这种官职称为保民官，是法律和立法力量的保卫者。有时，它为了保卫主权而与政府做斗争，就像罗马的人民保民官一样；有时，又为了维护政府而反对人民，就像今天威尼斯的十人议会一样，有时，又会保持两者之间的平衡，就像斯巴达的监察官一样。

保民官制并不是共和国的一个组成部分，不应该具有立法或者行政的权力，但是也正是因为这个原因，它自身的权力才是最大的，尽管不做任何事情，却可以阻止任何事情的发生。作为法律的护卫者，它比执行法律的君主和主权立法者更为神圣，受人尊敬。这在罗马便很好地体现了出来，骄傲的贵族总是蔑视人民这个整体，但是却被迫向一个不掌握神圣的或立法权威的普通的平民官员屈服。

如果保民官制得到明智的利用，那么就会成为支撑一个良好政治体制的最为强大的支柱。但是如果它的力量超出了所必需的量，那么不管超出的部分有多么的少都可以颠覆一切事物。它在本质上并不是一种易于软弱的力量，一旦它具有了一定的权力，发挥的力量将不会少于应有的量。

当它作为行政权力的调节者而篡夺了这个权力时，本来只是法律的保护者却开始制定法律时，保民官制就会堕落为一个暴政。只要斯巴达能够保持它的精神不变，那么监察官的力量是不会带来任何危险的，但是一旦腐败产生后，其速度就会不断地加快。阿基斯①的继任者为被暴君杀害的他报了血仇。监察官的罪行和惩罚同样加快了共和国的灭亡。在克里奥门尼斯之后，斯巴达便一蹶不振了。罗马也因为相同的原因覆灭了，保民官逐步窃取的大量权力在那些用来保卫自由的法律的帮助下保护的却正是摧毁了自由的皇帝。至于威尼斯的十人议会，它对于贵族的害处与对人民的害处是一样的，不但没有给予法律以最大的保护，反而眼看法律遭到贬损，却去帮助那些没人敢于阻止的侵害法律的秘密行为。

一个保民官就像政府一样，会由于成员数量的增加而受到削弱。罗马人的保民官起初只有两人，增至五人后仍试图增加一倍的人，元老院同意了这一做法，自信能够利用其中的一方来牵制另外一方，这一做法最终产生了作用。

要阻止这一拥有强大力量的团体篡夺权力的最佳方法就是——尽

---

① 克里奥门尼斯三世（公元前235年～前222年），斯巴达国王，曾经改组斯巴达政治机构，逮捕杀死了监察委员，恢复了古代制度。

管尚没有一个政府使用过这种方法——不让它成为终身制的官职，而是规定它必须拥有间歇期。间歇期也不宜太长以防止权力滥用行为有时间扎下根来，法律需要详细做出规定：如有必要这些间隙必须缩短以建立特殊委员会。

这个方法在我看来没有任何缺点，因为就像我刚才讲到的，保民官绝不是国家体制的一部分，取消这一制度不会对国家造成损害。这在我看来也是一种有效的方法，因为一个新近确定的执政官不是依靠它前任的力量而出任的，而只能是靠法律所赋予他的力量。

第六章　论独裁制

法律的不可伸缩性使它不能够适应环境的变化，在特定情况下是有害的，在危急关头甚至会造成国家的灭亡。法律程序特定且缓慢的进程需要一定的展开过程，而环境往往等不了这么长的时间。立法者也无法预料到未来发生的上千种可能性，只有一件事是可以预料的，那就是人不可能预见所有的事情。

正是由于这个原因，人们不可以寻求建立如此僵硬的政治体制，以至于剥夺了自己中止法律执行的力量。甚至是斯巴达人也允许法律不时地处于休眠状态。

但是只有在出现最大危机的情况下才可以冒险干涉公共秩序。除非祖国的安全处于危险之中，否则法律的神圣权威是不容中止的。在这些稀有且明确的情况下，公共安全通过特殊的方式进行保障，要把这种安全托付给最值得托付的人。这种责任依照突发事件的性质的不同按两种方式进行。

如果政府行为的增多还不足以抵御危机，那么这就需要将这种行为集中在一个或者两个政府成员的手中。在这种情况下，法律的权威并没有减少而是法律的形式变化了。但是，危机发展到了一定程度以至于法律本身已经成为安全的障碍时，就必须任命一位最高首领让所有的法律沉默并暂时中止主权权威。在这种情况下，公共的意愿是不容置疑的。因为人民最大的意愿就是国家不能灭亡。立法权威的中止也等于就是废除了它。使法律沉默的执政官并不能让它说话。他可以支配法律，但是却无权代表它。他可以做任何事情但就是不能制定法律。

这两种方法中的第一种方法曾经被罗马元老院使用过，他们以神圣的形式将共和国的安全托付给了两个执政官。第二种方法就是在这两个执政官中再任命出一个独裁者①——罗马从阿尔比学到的一种方法。

在共和国的初期，罗马人常常要依靠独裁制，这是因为在当时的环境下国家体制尚不足以维持国家的生存。在这个时候，人民的精神特征使在其他情况下的预防措施都失去了必要性，人们不害怕独裁者会滥用他的职权或者试图延长他的任期。相反，看上去，如此大的权

---

① 这个任命过程在晚上秘密举行，仿佛他们耻于将一个人置于法律之上。

力对于支配他的人而言是一个负担；因为他们匆忙地要摆脱它，这个代替了法律的职位在总体上看显得太过于繁重和危险。

因此，这并不是因为存在滥用权力的危险，而是因为这个职位具有发生退化的危险，到时人们就会谴责这一在共和国初期建立的最高执政官制度是一种草率的行为。当人们把时间放在了选举、祭祀和纯粹是形式上的事务上时，人们有理由相信在真正需要独裁者发挥作用时，它的力量将会不够强大，人民会把独裁者只看成是一个空空的头衔，只是为了空洞的仪式的需要。

在共和国的后期，罗马人变得更为慎重，同样没有什么原因，在使用独裁制度的时候开始非常节制其程度就像他们当初滥用这种制度的时候一样。很容易就可以发现他们的担心依据是不足的，那时，首要的弱点就是在于它对内部的行政官员的防范；一个独裁者在特定情况下可以在保卫公共自由的同时又不侵犯到它；罗马的束缚不在于罗马本身而是来自罗马的军队；马留乌斯对苏拉和庞培都没有进行什么抵抗，这明白地显示出在面对外部压力的时候，内部权威应该怎样应对。

这一错误使罗马人做了大量的错事。例如，在卡提里那①事件中并未任命一名独裁者；因为这件事情只与城市本身有关，或者至多与几个意大利省份有关，法律给予独裁者的无限权威将会顺利粉碎这场阴谋。事实上，由于当时发生的一些幸运事件才使阴谋没能得逞，而这些因素是人民审慎的思考所不能预料到的。

---

① 卡提里那（公元前108年～前62年），公元前1世纪时罗马的政治家，因"卡提里那阴谋"而为人所熟知，卡提里那曾企图推翻罗马共和国，尤其是结束贵族制元老院的统治。

元老院宁愿将所有权力交给执政官们也不愿意任命一个独裁者。正是由于这样，西塞罗①为了能够有效地行动，在关键时刻不得不做出超出他权力范围的事情。尽管罗马人在第一次事情成功后认可了他的行为，但是在后来他被要求为一些公民违法的流血事件负责也不是没有道理的——这种谴责是不会加在一个独裁者的身上的。但是这个行政官的巧言善辩使他总能得到他面前的一切事物。尽管是一个罗马公民，但是他对自己荣誉的热爱已经超出了自己的国家。他不但没有寻找到一个合法以及确定的方式来报效自己的国家反而寻求将所有的荣誉都归为己有②。这样他就可以理所应当地被尊为罗马的解放者，而不是被公正地判为罗马法律的违反者。不管对他流放判决的撤销是多么的精彩，但是这无疑是一种赦免的行为。

另外，不管以什么样的方式来授予这一重要的独裁者使命，都必须将它限制在一个短暂的时间之内，并不能被延长。在需要独裁者出现的紧急关头，国家要么很快地就会灭亡，要么就被拯救。在罗马，独裁者的任期是六个月，大多数的独裁者在这个时间之前就被废除

---

① 他并不能肯定如果他提议选举一名独裁者的话自己就可以入选，因为他不敢推举自己，也不能确定他的同僚们是否会推举他。

② 西塞罗（公元前106年～前43年），罗马政治家、律师、古典学者和作家。家境富有，受过良好教育。曾迅速在法律界立下威名，后来投身政治，而后与党派之争和阴谋反叛事件纠缠在一起。公元前63年当选为执政官。在他所有的演说中最有名的可能是他对喀提林暴乱所作的演说，最后他镇压了叛乱。在破坏罗马共和国的内战中，他努力维护共和体制，却白费工夫。恺撒死后，连续发表十四篇演说辞（通称"反腓力辞"），抨击安东尼，支持屋大维。后来屋大维、安东尼、雷比达结成"后三头"同盟。不久，西塞罗被杀。遗作有五十八篇演说稿和九百多封书信，还有许多诗作、哲学和政治论文，以及修辞学的书。他是罗马最伟大的演说家，也是西塞罗修辞学的创立者，是许多世纪以来最杰出的修辞学典范。

了。如果这个任期可以变长的话，他们可能就会试图将它变得更长，就像十大行政官一样，可以任职一年。独裁者的时间只够完成他这次被推举出来所要解决的事情，而无暇思索进一步的计划。

第七章　论监察官制

就像法律体现公共意愿一样，监察官机构体现的是公共的判断力。公共的意见是法律的另外一种形式，监察官就是这种法律的执行者。就像君主的例子一样，他只适用于个别的情况。

监察官的法庭绝不是人民意见的仲裁者，而只是人民的发言人。一旦远离了这点，它的决定就是空洞而无效的。

将一个国家的思想精神与它所尊崇的对象区分开来是无用的；两者都产生于相同的原则之中，必须结合在一起。在世界上所有的民族之中，是他们的本性而不是观点掌握着他们对于快乐的选择。纠正人们的思想，那么他们的精神就会得到净化。人们总是喜爱好的事物，或者是他们认为好的事物，但是正是他们的判断让他们犯了错误，因此他们的判断就不得不被纠正。去判断民族的精神就是要判断什么事物是受到尊敬的；要判断受到尊敬的事物是什么就要从公共的意见中得出法则。

一个民族的观点产生于它的体制之中。尽管法律不能规范人的精神，但是立法却能给予思想精神以生命；当法制衰弱时，精神思想就会腐化；到时，监察官的统治也不能做到法律所不能完成的事情。

由上可知，监察官制可以用来维护思想精神，但是却不可以将其修复。需要在法律具有活力的时候建立监察官制；因为一旦法律失去了活力，一切都是没有希望的；当法律失去了效力之后，其他任何事物都将失去合法的力量。

监察官制度维护人民思想精神的办法包括：防止公共观点腐化、通过巧妙管理维持公共观点的公正性，有时甚至帮助确定公共观点中不明确的部分。决斗中使用副手的做法在法兰西王国中盛极一时，却被国王的一条法令给废除了："对于那些懦弱到要带副手参加决斗的人。"这一决断预见到了公共的判断，并一下子就决定了公共的判断。但是，当同样的这些法令试图宣布决斗是一种懦弱的行为时——虽然事实确实如此，但是却不被公众接受——公众耻笑这个决定，公众对此早已有了自己的看法。

在其他的书①中，我已说过公共观点是不能受到限制的，在代表公共观点的法庭中是不能存在任何公共观点受到限制的痕迹的。对于罗马人甚至是拉西第蒙人在使用这一与现代完全不同的机制时所采用的技巧，我们怎么崇拜都是不过分的。

在斯巴达的大会中，当一个品性差的人提出一个好的主意时，监察官们就会置之不理，而采纳一个品性好的人所提出的同样的观点。这对后者是这么的荣耀，而对前者却是如此的羞辱；这两个人中的任

---

① 我在本章中只是提出这一观点，而在我的《致达朗贝先生书》中我对此进行了详尽的论述。

何一个人都没有受到赞美或者责难。从萨摩岛①来的醉汉曾经玷污了监察官的职位；接下来的一天，就有公共的法令允许萨摩人可以做下流的事情。这个免责的法令比任何事实上的惩罚还要严重。当斯巴达人宣布什么是正直的，什么是不正直的事情时，希腊人并没有反驳他们的观点。

第八章　论公民宗教

起初，人没有国王而只有神，人们的政府全部都是神权制的。他们像卡里古拉一样进行思考，而在当时的环境中，他们这样做是正确的。在人们决定去接受一个他的同类去作为自己的主人时或者要说服自己这样做是正确的时候，他们就需要有一个长期的对自我感觉和思想进行贬低的过程。

从这一事实来看，神被置于每个政治社会之上，由此来看，有多少民族就有多少的神明。两个民族互不相同，几乎总是对方的敌人，

---

①　他们其实是来自于另外的岛屿，但是由于语言上的微妙关系，我不能在此说出他们的名字。[1782 年版中增加的一条注释。在手稿的注释中，卢梭解释道："他们是 Chio 人，而不是萨摩人。但是由于本书主题的原因，我不便于在文中使用该词。"在法语中，"Chio"是现代法语动词 chier（通"胡扯"）的一个希腊语词根，是"一种不文明的用法"。原译者注]

长时间来不能认同同一个主人。两支交战的军队是不会服从同一个将领的。这样，民族间的不同便产生了多神的局面，并转而产生了宗教和人民之间的不宽容，我在下面的篇章中会讲到这种不宽容其实是一回事。

希腊人曾经有过一种幻想，他们可以在野蛮民族所崇拜的神中重新发现他们自己的神明，这是由于希腊人习惯于将自己视为这些民族的天然的主人。但是，在我们的时代中，研究不同民族的神的统一的身份将是一种荒唐且拙劣的模仿行为，就像莫洛克、萨士林、克罗诺可以是同一个神，腓尼基人的巴尔、希腊人的宙斯和罗马人的朱庇特是同一个神，这就仿佛是任何空想的存在之间都是相同的，只是名字不一样而已。①

但是，如果要问为什么在异教信仰存在的情况下，每个国家都有自己的宗教仪式和自己的神明，却没有发生宗教的战争。我认为这是因为每个国家都有自己的信仰和政府，神和法律之间是没有什么分别的。政治的战争就是神学的战争；也就是说，神的疆域是由，国家的疆域所决定的。一个民族的神没有凌驾于其他民族之上的权力。异教徒的神绝不会嫉妒我们的神；他们划分了世界的疆界；甚至连摩西和希伯来人有时也支持这一观点，曾说起过以色列的神。事实上，他们并不承认迦南人的神，这个被流放的民族注定要毁灭，他们的国家将被其他民族所占领；但是考虑到他们是怎样说相邻民族是神圣不可侵

---

① "Nonne ea quae possidet Chamos deus tuus, tibi jure debenture?" 这是拉丁文本圣经的原文。贾立蔼神父译为："难道你们不相信自己有权具有神基抹所拥有的东西吗？"我不知道希伯来原文的语气如何；但是我也注意到在拉丁文中，耶弗正面地承认了基抹神的权力，在法文的翻译中却弱化了这种认同的语气，在译文中增加了"依你看来"，而这在拉丁文中是没有的。

犯时，耶弗他向亚扪人说："你们的神基抹所拥有的难道不是你们的合法所有吗？""我们同样有资格占有我们的神所攻占的土地。"①

但是当犹太人先臣服于巴比伦王，后又臣服于叙利亚的国王的时候，仍固执地只承认自己的神，他们拒绝承认其他神的行为对征服了他们的国家来说是一种背叛的行为，我们在犹太人的历史中看到了他们因此而遭到的迫害，在基督教之前我们还没有见过任何其他的先例。

既然每种宗教只依附于一国的法律并受其规范，除了征服之外，没有其他可以改变人们信仰的方法，那么唯一的传教士就是征服者；既然改变信仰的责任是征服法则的一部分，那么在对任何信仰进行鼓吹之前就必须先要征服。就像荷马书中所言，远不是人在为神而战，而是神为人而战；每个民族都向自己的神祈求胜利，并开设新的祭坛来感谢神的庇佑。罗马人在攻占一个城池之前都要先诏令该处的神放弃这个地方；当他们允许塔伦土姆人继续保留他们愤怒的神明的时候，他们认为这些神已经服从了自己的神，并向他们效忠。他们允许被征服者保留自己的神就等于是允许他们保有自己的法律。向罗马加比多尔神殿的朱庇特供奉一顶皇冠就是罗马向其索要的唯一贡品。

最终，罗马人在扩张自己帝国版图的过程中也不断传播着他们的信仰和他们的神明，并常常采纳被征服者的信仰和神，给予两者城邦的权力。在这个庞大帝国中的人民逐渐发现他们拥有众多的神和信仰，这在任何地方几乎都是相同的。这就是为什么在已知的世界中异教信仰成了一个统一的信仰。

---

① 无可置疑的是，被称为圣战的福西人的战争并不是一场宗教战争。战争的目的是惩罚亵渎神明的行为，而不是令异教徒屈服。

正是在这种条件下，耶稣在地球上建立了一个精神的王国；这个王国将神学体系从政治体系中分离出来，这意味着国家不再是一个整体，它造成了基督教各个民族内的分裂局面，这一局面不断地困扰着基督教各民族。既然另一个世界中的王国新的思想不能为异教徒所接受，因此他们总是将基督徒看作真正的背叛者，认为基督徒在屈服的伪装的掩护下，等待着独立与成为最高信仰时刻的到来，狡猾地篡夺他们在弱小时期假装尊重过的权威的权力。这便是基督徒遭到迫害的原因。

异教徒所担心的事情终于发生了；一切事情都发生了变化，曾经谦卑的基督徒转变了他们的语调，很快这所谓的另一个世界的王国便成了处于一个现实统治者之下的最为狂暴的专制主义。

然而，既然君主们和公民法律总是存在的，这两种力量存在的结果便是权力之间无休止的斗争。这使得要在基督教国家中建立任何好的政治体都是不可能的，人们不知道该服从公民的统治者还是牧师。

很多的民族，甚至是在欧洲或者附近的区域，试图保留或者重建原有的体系，但是都失败了：基督教的精神获得了完全的胜利。宗教仪式总是保持着或者恢复了主权的独立，但是缺乏和国家的必要联系。穆罕默德具有十分正确的思想，精心地赋予了他所建立的政治体系以统一，因为只要他的政府形式在他的继承者哈里发那里得以继续，政府就不会被分割，从这种意义上就是一个好的政府。但是，阿拉伯人变得繁荣、开化、文明、柔弱与可欺并被野蛮人所征服。那时，这两种力量之间的分裂开始出现，即使这种分裂在穆斯林中并不如在基督教中明显，然而它确实是存在的，尤其是在阿里教派中。在像波斯这样的国家中，人们可以不断地感觉到这种分裂。

在我们中间，英国的国王们已经将自己确立为教会的首脑，沙皇也做了同样的事情。但是这个他们加在自己头上的头衔与其说让他们成了主人倒不如说是成了大臣，与其说他们获得了改变教会的权力，倒不如说是获得了保存它的权力。他们不是立法者，而只是君主。在任何神职人员组成了自己团体①的地方，都会有主人和立法者。这样，在英国和俄罗斯就像在其他地方一样便有了两种权力和两个主权。

在所有的基督教作家之中，哲学家霍布斯是唯一一个清楚看到了这一弊端和弥补方式的人。他敢于提出将鹰的两个头再次合并在一起，完全恢复政治的统一性，否则，国家或者政府都不会拥有良好的结构。但是他应该知道基督教的主导精神与他提议的体系是不相容的，君主的利益总是比国家的要强。霍布斯的国家体系不是因为它可怕或者错误而遭人嫉恨，相反这些观点是公正与真实的。②

我相信如果按照这样的观点来分析历史事件，我们很容易就可以反驳贝尔和华伯登之间对立的观点了，他们中的一方认为没有任何宗教对政治体是有利的，另外一方则认为基督教是对政治体最好的支持。我们可以通过表明没有一个国家不是以宗教作为它建国的基础来反驳第一种观点；可以通过表明基督教法律在本质上对于一个充满活

---

① 应该注意的是这与法国的正式集会有所不同，它并不是将教士们联合在一个整体之中而是一种教会的圣餐。圣餐和革除教门就是教士们的社会契约。通过这种方式，他们总会成为人民与国王的主人。所有参加交流的教士就是同胞公民，即使他们来自地球的完全相反的两个地方。这种创造是一个政治的代表作。在异教的祭司中却没有发生过这类事情，因此他们从未构成一个教士的整体。

② 此外，请看一封格劳秀斯给他的兄弟在 1643 年 4 月 11 日的信，从中我们可以看到这个学者对霍布斯的《公民论》所赞成的与所反对的是什么。事实上，出于宽容的性格，他由于作者好的一面而原谅了坏的一面，但是并不是每一个人都会如此仁慈的。

力的国家体制是弊大于利的来驳斥第二种观点。为了清楚地理解这一问题，我想我只需要把与我主题有关的且过于模糊的宗教概念稍微地精确一下就行了。

不论是公共的还是特殊的，宗教都应该被放在与社会的关系中进行考虑，可以将其分为两类，人类的宗教和公民的宗教。首先，如果没有庙宇、祭坛或者宗教仪式，人们只讲求对神的内在奉献和道德的外在责任，那么这样的宗教就是纯粹而又朴素的福音书宗教，是真正的有神论，可被称作神圣的自然法。公民的宗教是在一个国家中建立的宗教；它给予国家自己的神明，自己特殊的守护神和神性；它有自己的教义、仪式以及通过法律所确立的崇拜的外在形式；对于执行这种宗教的国家来说，任何外部的宗教都是异端、化外的、野蛮的；他将人的权力和责任只延伸到了祭坛所在的地方；这是所有早期民族的宗教；我们可以将其称为公民或者积极神圣的宗教。

还有第三种更为奇怪的宗教，它给了人类两种立法秩序，两个统治者，和两个祖国，将他们置于两个相互矛盾的责任之下，使人们不能同时即是传教士，又是公民。喇嘛教如此，日本宗教也是如此，天主教也是这样。人们可能会称此为教士宗教。它产生了一种混合的且反社会的、无法命名的法律系统。

从政治的观点来看，这三种宗教中的每一个宗教都有自身的缺陷。第三种宗教有如此明显的错误以至于允许这种错误的展开就是浪费时间。任何破坏了社会统一性的事物都是没有价值的；所有机制如果让人类与自身作对，那么这种机制也是没有价值的。

第二种宗教是好的，它将对神的崇拜与对法律的热爱结合了起来，将祖国塑造成了公民敬爱的对象，并教育他们对国家尽忠就是对守护神尽忠。在这种神学中，没有主教只有君主，没有牧师只有执政官。这时，为了自己的国家而死就会成为殉教者，违反法律就是不虔诚的表现，让一个有罪的人受到公众的诅咒就是将他交给了神的震怒：让他去受诅咒吧。

但是，这种宗教也有坏的一面。因为它是建立在谬误和谎言的基础之上的，它欺骗了人们，使人们盲从且迷信；他以空洞的仪式埋没了对于神真正的崇拜。另外一个坏处就是当他开始独断专行且暴虐的时候，就会让一个民族变得嗜血且不宽容起来，这样，人们只有靠谋杀和屠杀才能生存下去，并相信杀死那些不接受他们神的人是一种神圣的行为。这将信奉这种宗教的人民与其他所有民族处于自然的战争状态，这对于它自己的安全将是毁灭性的。

现在就只剩下个人的宗教了，或者是基督教，它并不是今天的基督教，而是福音书的基督教，这两者是完全不同的。在这个神圣、庄严且真实的宗教中，人类，作为神的孩子，将所有其他的人视为自己的兄弟，将他们结合在一起的社会甚至不会因为死亡而解体。

但是，这个宗教与政治体之间没有任何具体的联系，法律就只剩下了自身所拥有的法律，没有加入任何其他的力量。因此，缺少一个将任何一个个社会连接在一起的一个必需的纽带。这还没有完：这个宗教不但远没有将公民的心与国家联合在一起，反而将他们分离开来就像与世界上其他所有的事物分开一样。我不知道任何比此更有违于社会精神的事情了。

据说，一个真正的基督教民族将会组成一个人类能想象到的最为完美的社会。我在这个假设中看到了一个巨大的缺陷，也就是，一个真正的基督教社会就不再是一个人类的社会。

我还想说的是这个想象中的社会即使实现了所有的完美也不会是最强大的或是最长久的社会。如果要成就完美，它就会失去整体的联系；它的毁灭性的缺陷就在于它的完美。

每个人都履行他的责任；人民遵守法律；统治者正义且有节制；执政官诚实、清廉；士兵不怕死亡；这里既没有虚荣又没有奢侈。但是让我们再进一步地看下去。

基督教是一个完全精神上的宗教，只关心天堂中的事物；基督徒的祖国不是这个世界。基督徒履行自己的责任，是事实，但是他对于自己行为的成败得失有一种深深的冷漠。只要他没有任何事情可以责备自己，那么世界上的所有的好事或者坏事对他来说都是无关紧要的。如果国家兴旺了，他极少敢于享受公众的幸福。他担心自己会因国家的光荣而骄傲起来；如果国家灭亡了，他会祝福上帝对他的子民进行严厉的惩罚。

如果一个社会要获得安宁，保持和谐的局面，那么每个公民无一例外地都必须是一个同样好的基督徒。如果，不幸地出现了一个野心家，一个伪善的人，例如，一个卡提里那或者克伦威尔，那么这个人会在他那些虔诚的同胞中间畅通无阻。基督教的仁爱思想不允许我们轻易地将自己的邻居想得很坏。当一个狡猾的人掌握了欺骗他人的手段之后，并攫取了一部分的公共权威，那么他就会成为尊严的化身；上帝的意愿让他受到别人的尊重；当他有了权力后，上帝又会让人们服从于他。假如他滥用了自己拥有的权力该怎么样呢？那么，他就是上帝惩罚自己儿女的鞭子。基督徒对于是否要驱逐这个篡权者而犹豫不决。因为这将意味着破坏公共的和平，使用暴力、流血，而所有这些与基督教温和的教义是不相容的。毕竟在这个积满了眼泪的地方一个人是自由人还是奴隶又有什么关系呢？最重要的事情是要升入天堂，听之任之是上升到天堂的另外一种手段而已。

假如一场与他国之间的战争爆发了。公民要毫不迟疑地迈进战场。没有一个人会想着逃脱。所有的人都将履行自己的职责——但是他们这样做并不是为了胜利的热情；他们对于怎样死去的认识要多于对于如何战胜敌人的认识。对于他们而言，是胜利者还是被征服者又有什么关系呢？难道上帝不比他们更为清楚需要什么吗？可以想象一个一个骄横、冲动且士气昂扬的敌人从这些斯多葛主义中会得到怎样的好处。让他们与一个心中充满了对荣誉和自己国家热爱的敌人开战；想象基督教共和国面对的是斯巴达人或者罗马人，虔诚的基督徒在还没有反应过来的时候已被击败、崩溃、灭亡或者只会由于他们的敌人对他们的轻视而获得拯救。

我认为法比乌斯的士兵所发的誓言是非常好的；他们并不发誓要战胜或者战死，而是要以征服者的身份返回，他们遵守了自己的诺言。基督徒们从来就不敢做出这样的事情；他们认为这是在试探上帝。

但是在讲到基督教的共和国时我犯了一个错误，因为这两个词语是互相矛盾的。基督教只宣扬奴役与服从。基督教的精神对于暴君来说是非常有利的，方便了暴君的统治。真正的基督徒就是用来做奴隶的；他们知道这点，但是却并不在乎；短暂的生命在他们眼中价值是非常少的。

据说，基督教的军队是优秀的。我要否认这点。来看看这些基督教的军队吧。我并不认识这些人。大家可能会说到十字军。虽然十字军战士的英勇是无可置疑的，我仍然要说他们远不是基督徒。他们是教士的士兵。他们是教会的公民。他们是为了精神的家园而战，但是这个家园却奇怪地被弄作了现世的家园了。严格地讲，十字军时期仍然是异教信仰占主导地位的时期；既然，福音书从未建立任何国家的宗教，圣战在基督徒中是不可能发生的。

在异教徒的帝王统治下，基督徒的士兵是勇敢的。所有的基督徒作者都是这样告诉我们的，我也相信他们。但是这些士兵为了同异教徒军队争夺荣誉才如此的。一旦帝王变成了基督徒，这种竞争也就停止了；当十字架赶走了鹰旗之后，所有罗马人的勇气消失。

但是，暂且将政治考虑放在一边，让我们回到权力的考虑上来；确立支配这一重要问题的原则。社会契约赋予主权置于臣民之上的权力，如我此前所说，不能超出公共利益①的界限之外。臣民对于主权不负有任何信仰方面的责任，除非这一信仰对于共同体是重要的。当每个公民所信仰的宗教让他热爱自己的责任时，宗教对于国家是重要的。但是这个宗教的教义只有在涉及道德风尚和自己对于他人的责任时，对于国家和个人才是有利的。另外，每个人可以持有任何他喜欢的观点，而这并不在主权的管理范围之内。在另外的世界中，主权就无能为力了；臣民在来世的命运如何与主权是没有关系的，臣民只要在今生是个好公民就行了。

因此，要是有纯粹的公民信仰宣言的话，那么主权就可以决定具

① 阿冉松侯爵说："在共和国中，每个人在不伤害他人的情况下，是拥有做任何事情的自由的。"这是一条永恒不变的疆界；再没有比这句话更准确的表达了。我不能否认的是有时我在引用这个手稿中的内容时是非常高兴的，尽管它不为公众知晓。为了纪念这位杰出的、令人尊敬的人并向他致敬。甚至在做大臣的时候，他仍然保持着一颗真正的公民的心，以及对自己国家的政府所持有的公正且正确的观点。

体的条款，这不是严格的宗教教义而是一种社会性的感情，没有了这些，就不可能成为一个好公民或者是忠实的臣民。① 尽管，主权不可以让每个人都负有相信这些条款的责任，但是却可以驱逐任何不相信他的人；驱逐的理由不是因为不虔诚而是将他视为了一个反社会的人，就像如果一个人不能真诚地热爱法律和正义，在必要的情况下，就要因为他的责任而牺牲了生命。然而，如果已经有人公开承认了这些教条，而他的行为却和不信仰这些教条一样，那么就应将他处以死刑，因为他已经犯了最大的罪行，在法律面前说了谎。

公民宗教的教义必须简单、条款少，表达清晰、不用解说或者诠释。存在着一位万能的、睿智的、仁慈的神明，能预知未来，给予幸福；来世的生命；正直者的幸福；对罪人的惩罚；社会契约和法律的神圣性——这些都是积极的教义。至于消极的教义，我将其总结为一点：不宽恕。不宽恕属于我们所反对的宗教范围之内。

在我看来，那些将尘世的不宽容行为和神学的不宽容行为区别开来的人是错误的。这两种不宽容的形式是不可分的。我们不可能与应该受到诅咒的人和平相处；爱这些人就是憎恨惩罚这些人的上帝；是挽救他们抑或是折磨他们将是一个绝对的责任。不管在任何地方承认

---

① 恺撒在为卡提里那辩护的时候曾经试图确立灵魂不能长存的教条。卡图和西塞罗在反驳恺撒的时候并没有将时间浪费在哲学论证上；他们更愿意表明恺撒说话时像一个坏公民，正在支持一个对国家有害的理论。这是元老院需要判定的了，而不是一个神学上的问题。

了神学的不可宽容性，都注定会产生一些社会后果①。这时，主权就不再是主权了，甚至是从世俗的方面来看。在这个阶段，教士成为真正的主人，国王只是他的官吏而已。

既然不会也不能产生一个唯一的国家宗教，所有自身容忍了其他宗教的宗教也应该被其他的宗教所容忍。只要他们的教义不包括任何有违于公民责任的内容。但是任何敢于说"在教会之外不存在救赎"的人应该被驱逐出国家，除非国家是教会而君主是主教。这种教义只有在神权制政府中才是好的，在其他政府中都是有害的。据说亨利四世接受天主教的原因会让所有诚实的人都放弃这种宗教，总之，君主们是知道该如何去打算的。

---

① 例如，婚姻作为一种公民的契约，具有社会影响，没有这种契约社会是不能存续下去的。让我们假设在某个国家中，教士拥有了唯一的婚姻许可权，而这项权力在任何不宽容的宗教中都是会被篡取的。那么，在这件事情上，教会的权威是至高无上的，君主的权威失去了效力，随后，君主所拥有的臣民的数量也要由教士来决定了，这难道还不够明显吗？让牧师来决定人们结婚时是否要根据他们对这样或那样的规定抑或形式的意见或者要看他们是否够虔诚。这样教士如果在做事时足够精明且立场坚定，那么他们就可以独自处理遗产、公务、公民和国家事务了，一个由私生子所构成的国家是不会长久的，这是非常明显的。但是，你可能会问人们可以召集世俗的力量，通过命令和发许可证的方式来攫取教会的权力。多么肤浅的想法啊！如果教士还有甚至一丁点的——我所指的不是勇气——常识的话，他们可以允许一切事物按照自己的方式发展；安然地允许命令、颁发许可证、攫取权力这样的事情发生，但最后仍然做他们的主人。我认为在确保整体的前提下放弃部分的利益并不是一种大的牺牲。

第九章　结语

　　在确立了政治权力的真正原则，并在这些原则的基础上建立国家之后，我的探索就该告一段落，转而思索国家的外交关系，包括国家间法律、商业、战争与征服的权力、国际法、联盟、谈判、协约等等。但是，所有这些都代表了一个新的主题，而它相对于我这篇简短的文章来说过于庞大了，我还是把视线放在我的能力范围之内吧。